知识就在得到

A
Comprehensive
Mirror
to Aid in
Government

Series.IV

资治通鉴

熊逸版

熊逸 著

第四辑 汉家隆盛 ⑧

Xiong Yi
Edition

新星出版社　NEW STAR PRESS

目录

第八册

——汉武帝太初二年
171 李广利西征为何失利 　　1517
172 赵破奴西征为何失利 　　1526

——汉武帝太初三年
173 汉代的彻侯是怎样逐渐凋零的 　　1534
174 武帝是怎样赌上国运二次西征的 　　1543

——汉武帝太初四年
175 西征大宛的战损率为何如此之高 　　1554
176 轮台是怎样成为高频语码的 　　1564

——汉武帝天汉元年至二年
177 对李陵的态度经历了怎样的历史变化 　　1574
178 武帝是怎么对付遍地盗贼的 　　1588

汉纪十四

世宗孝武皇帝下之下

——汉武帝天汉三年至四年
179 武帝为什么要再次北伐匈奴　　1603

——汉武帝天汉四年至太始三年
180 李陵为什么不肯回归汉朝　　1613

——汉武帝太始三年至征和元年
181 巫蛊之祸是怎么发端的　　1623

——汉武帝征和二年
182 武帝病倒是怎么跟巫蛊联系起来的　　1634
183 江充是怎么从民间到后宫查案的　　1644
184 太子是怎么从自保走向造反的　　1652
185 武帝是怎么处理太子叛乱的　　1659

——汉武帝征和二年至三年
186 太子为什么不能按自己的喜好挑选宾客　　1669
187 李广利是怎么投降匈奴的　　1678

——汉武帝征和四年
188《轮台诏》是武帝的悔过之书吗　　1688

189 武帝相信太子是冤枉的吗 1699

——汉武帝后元元年

190 武帝面临怎样的继承难题 1707

——汉武帝后元二年

191 武帝是怎么安排皇权交接的 1717

汉武帝太初二年

171
李广利西征为何失利

石庆过世

原文：

（二年）

春，正月，戊申，牧丘恬侯石庆薨。

这一讲我们进入武帝太初二年（前103年），这一年新年伊始不再是"冬十月"，而是"春正月"，有了我们很熟悉的农历的模样。

这一年的第一件大事，是丞相石庆过世。

前文讲过，从李蔡开始，丞相岗位就变成了一个高风险地带，凡是坐到这个位子的，要么被杀，要么自杀，总之是和善终绝缘了。只有"万石君"家族里的石庆，因为谨小慎微到了近乎变态的程度，才给自己赢得了一场正常死亡。[1] 石庆在临终时可能有一种如释重负的感觉吧。政坛早已是酷吏的天下，石庆唯一能做的，就是在波涛汹涌的大海上拼命抬头呼吸。《史记》还有交代，石庆做丞相时，他的子孙在官场升迁到二千石级别的有十三人。而在他过世后，这些人先后因为触犯法网，从高处陨落。万石君孝顺、谨慎的家风日益衰败。（《史记·万石张叔列传》）

这倒不能苛责石家，因为在武帝政治的后半段，全国人民都很难。诸侯王被推恩令搞得不剩几块地皮；彻侯年年被找碴问罪；搞生产、做贸易的路也被桑弘羊堵得死死的，先前那些富人和中产都被告缗令狠狠剥了一层皮；做官要么走酷吏路线，用高风险博取高收益，要么走"石庆路线"，每时每刻如临深渊，如履薄冰；就算是老老实实在家务农，在那个酷吏遍天下的时代也很难讨到好处。

---

[1] 详见前文第137讲。

不受相印

原文：

闰月，丁丑，以太仆公孙贺为丞相，封葛绎侯。时朝廷多事，督责大臣，自公孙弘后，丞相比坐事死。石庆虽以谨得终，然数被谴。贺引拜为丞相，不受印绶，顿首涕泣不肯起。上乃起去，贺不得已，拜，出曰："我从是殆矣！"

石庆一死，丞相岗位需要有人填补。按常理，在科层结构的组织里，高层职位一旦空缺，下面的人都会争相抢占，但这次却出现了一个荒诞的场面：武帝任命公孙贺为新丞相，并依照当丞相可以封侯的惯例，封他为葛绎侯。没想到公孙贺一接到这个任命，整个人就崩溃了——按说接受任命应当行稽首礼，礼毕就该起身，公孙贺却跪倒在地上，只是哭，怎么都不肯起身。

很多人觉得公孙贺只是惺惺作态，心里不知道多美呢。但实际上，公孙贺哭得无比真诚。

《汉书》把这个场面写得活灵活现：公孙贺不肯接受丞相印绶，一边"顿首涕泣"，一边找理由推辞，说自己只是个边郡来的粗人，凭借骑射本事才得以做官，根本没有当丞相的素质。武帝和朝堂里的旁观者们被公孙贺这真挚的哀号打动，纷纷落泪。武帝发话了："快把丞相扶起来！"但公孙贺依旧撒泼耍赖，死活不起来。武帝心想：好吧，你不起来，那我起来——就这么起身退朝了。公孙贺实在没办法，只好谢恩。退朝后，大家问公孙贺为何反应如此激烈。公孙贺含蓄地说："主上圣明，我却不称职，将来要担大责任的，我这就算是完蛋了！"（《汉书·公孙刘田王杨蔡陈郑传》）

这位公孙贺在前面已多次出场，他的父亲是陇西太守公孙昆邪。武帝还是太子的时候，公孙贺就已担任太子舍人，算是武帝的嫡亲班底。从亲属关系上看，公孙贺娶了卫子夫的大姐，和武帝结成了连襟；从职场资历上看，卫青北伐匈奴时，公孙贺经常自领一军，立功封侯。

换句话说，公孙贺跟那些毫无背景、敢拼敢打的酷吏不一样，没人比他更懂官场。对他来说，最佳生存策略莫过于挂个闲职，小心翼翼地保住眼前的富贵。但很无奈，武帝不给他这个机会。

补给艰难

原文:

三月，上行幸河东，祠后土。

夏，五月，籍吏民马补车骑马。

秋，蝗。

当年三月，武帝巡行河东郡，祭祀后土。

夏五月，他在民间征用马匹，补充军马的不足。[1]

当年秋天，又是蝗灾。

原文:

贰师将军之西也，既过盐水，当道小国各城守，不肯给食，攻之不能下。

此时，贰师将军李广利率领的西征大军已经渡过盐水（今天新疆境内的塔里木河），浩浩荡荡地闯入西域世界。沿途各个小国都在惊恐中坚城固守。按理说，李广利的目标只是贰师城的宝马，和那些小国无关，

---

[1] 金少英《汉简臆谈》（三）："《汉书·武帝纪》：'太初二年，籍吏民马补车骑马。'（此处用一'籍'字。又元鼎五年县官钱少、买马难得，则此次盖为征用而非价购。）"

但问题在于,汉军几万大军行进在不毛之地,后勤补给根本跟不上,必须沿途取食。

先前西域诸国从武帝那里得了不少好处,许多使者不仅去过长安,还跟着武帝巡行过汉帝国的名城大都,熟悉度有了,交情也有了,现在看着汉军过境,不是应该箪食壶浆以迎王师吗,为什么反而坚城固守呢?

史料并没有给出回答,不过不难推想:一来犒劳了汉军,就等于跟大宛为敌,同时还得罪了匈奴,夹缝中间难为人;二来西域小国基本都是守着一片绿洲建立起来的城邦国家,规模有限,实力单薄,这几万大军人吃马喂,确实应付不来;三来大家都见过汉军俘虏楼兰王、攻破车师国的先例,虽然知道李广利这一次的目标在贰师城,但也难免会担心他搂草打兔子,顺手把自己灭掉。这表明李广利这次西征过于仓促,只顾着征兵,没来得及把外交工作铺垫到位。

原文:

下者得食,不下者数日则去。比至郁成,士至者不过数千,皆饥罢。攻郁成,郁成大破之,所杀伤甚众。贰师将军与李哆、赵始成等计:"至郁成尚不能举,况至其王都乎!"引兵而还。至敦煌,士不过什一二。使使上书言:

"道远乏食，且士卒不患战而患饥，人少，不足以拔宛，愿且罢兵，益发而复往。"

这个时候，摆在李广利面前的选项就只有一个：走到哪儿，打到哪儿。如果几天之内能攻下来，就能获得一轮补给；攻不下来的话就只能忍着，到下一国再说。就这样一路边打边走，终于到了郁成。

先前汉使砸毁金马、东归长安时，就是在郁成遭到伏击，全军覆没。如今李广利到了郁成，即便旧账暂时可以翻篇，但为了补给，也必须发动强攻。然而，西征大军已经从出发时的几万人锐减至几千人，这些人又饿又累，战斗力大不如前。以这样一支疲弱之军强攻郁成，结局不出意外，就是大败亏输，伤亡惨重。李广利和高层将领一商量："咱们才到郁成就已经这么狼狈了，难道还要继续往前走吗？"

当然不能再往前了，军队原路返回。

这一去一回，等到达敦煌时，算来花了足足两年，人员折损十之八九，别说贰师城的宝马没拿到，就连大宛的国门也没摸着。李广利派使者向武帝汇报，说军兵不是不能打，实在是补给跟不上，士兵饿得不行，建议暂时退兵，以后增兵再战。

玉门关

原文：

天子闻之，大怒，使使遮玉门曰："军有敢入者辄斩之！"贰师恐，因留敦煌。

李广利凭借裙带关系第一次担任指挥官，对职场禁忌毫无经验，至于他身边那些有经验的高级将领，虽然猜得到武帝看到这份战报会是什么心情，但估计觉得天塌下来还有李广利扛着，所以也没有说什么。武帝果然勃然大怒，派使者把守玉门，说军队只要有人敢进来一步，立即处斩。李广利吓怕了，只好驻军敦煌，不敢越玉门一步。

史料中用"遮"字来形容使者把守玉门的动作，"遮玉门"因此成为一个文化语码。盛唐诗人李颀在《古从军行》中的名句"闻道玉门犹被遮，应将性命逐轻车"，正是用了这个典故。

但我们捋一下前面的信息：李广利率师东归到达敦煌，准备继续东行，而武帝派人在玉门拦截，严禁李广利再向东一步，这就意味着玉门在敦煌的东边。但今天我们知道，敦煌继续向西向北走才是玉门。我们熟悉的诗句"春风不度玉门关"，也让我们以为玉门关和它南边的阳关才是胡汉分界线。这到底是怎么回事呢？

其实，敦煌到底什么时候设郡，玉门到底是玉门县还是玉门关，在地理上又有怎样的变迁，这些问题历来争议不断。我这里就取魏迎春、郑炳林两位先生的说法好了：所谓玉门，并不是我们熟悉的那座玉门关，而是位于敦煌以东，酒泉以西。要等到武帝后元年间，玉门关迁到敦煌郡西北一百六十里的地方，才成为"春风不度玉门关"的那座玉门关。(魏迎春、郑炳林《西汉时期的玉门关及其性质——基于史籍和出土文献的考论》)[1] 从武帝的角度看，本来浩浩荡荡几万大军远征大宛，为的是洗雪国耻，结果打出一个天大的笑话来，以后大汉天子这张老脸在外国使臣面前该怎么摆？还有一个很现实的问题是：经此一役，西域诸国一定会重新聚拢到匈奴阵营，张骞凿空以来好容易开创的大好局面就这样化为乌有，是可忍孰不可忍。

所以，这一仗必须死磕到底。

然而，祸不单行，汉帝国还会遭遇一场重大挫败，所有人都劝武帝先把大宛问题放一放，从长计议。武帝真的会从长计议吗？

---

[1] 详见前文第162讲。

172

赵破奴西征为何失利

上一讲谈到,李广利西征失败,武帝盛怒之下,派使者遮玉门,准备增兵再战。但问题是,这一年的汉帝国未必打得起另一场西征了。

内应被诛

原文:

上犹以受降城去匈奴远,遣浚稽将军赵破奴将二万余骑出朔方西北二千余里,期至浚稽山而还。浞野侯既至期,左大都尉欲发而觉,单于诛之,发左方兵击浞野侯。

前一年,匈奴连遭天灾人祸,又是暴雪肆虐,牲畜大批死亡,又是新继位的儿单于性情残暴,动辄杀人,搞得匈奴人人自危。匈奴左大都尉派出密使和汉帝国取得联系,表示打算杀掉儿单于后投降,希望汉帝国派大军到边境接应。双方一拍即合。武帝派公孙敖到塞外修筑受降城，接应左大都尉。[1] 受降城距离儿单于所在的王庭很远。为求万全，武帝又让赵破奴率领二万骑兵，出朔方西北两千多里，准备挺进到浚稽山（今天蒙古国境内的古尔班博格多山脉）。左大都尉只要政变成功，杀掉儿单于，转身就能投入赵破奴二万骑兵的怀抱，安安稳稳抵达受降城，完成投降仪式。

赵破奴作为百战名将，在卫青、霍去病之后成为汉军头牌，执行力也无可挑剔。然而，万事俱备，左大都尉那边却出了纰漏——政变计划败露，他还没来得及动手就被儿单于杀了。

以儿单于的性情，汉帝国胆敢在自己身边扶植内奸，企图里应外合，是绝对不可容忍的。

全军覆没

原文：

浞野侯行捕首虏，得数千人，还，未至受降城四百里，匈奴兵八万骑围之。

---

[1] 详见前文第170讲。

赵破奴按约定时间到达了约定地点，却迟迟没等到左大都尉，只好撤军。但他这一路并非毫无收获，斩杀和俘虏的加起来有几千人，如果就这样回去，好歹算是凯旋。不过，此时他要想全身而退，已经不容易了。

儿单于迅速展开反击。当赵破奴距离受降城还有四百里时，匈奴八万大军蜂拥而至，对汉军形成合围。我们或许觉得，以赵破奴在军中的威望和指挥经验，带领二万骑兵固守待援还是有机会的，就像当年的李广那样。但如今局面不一样了——李广时代，军队的主要成员是"六郡良家子"，即边郡清白人家出身的大好青年。[1] 可现在良家子早就不够用了——武帝一连串的政策把中产之家打得七零八落，剩下能养得起马的人家，马也都被朝廷征用了。如前文所说，现在军队的主要成员是恶少年和罪犯，虽然在局势好的时候可以一往无前，但只要局势不利，他们是最容易作鸟兽散的。

原文：

浞野侯夜自出求水，匈奴间捕生得浞野侯，因急击其军，军吏畏亡将而诛，莫相劝归者，军遂没于匈奴。儿单

---

[1] 详见前文第046讲。

于大喜，因遣奇兵攻受降城，不能下，乃寇入边而去。

偏偏就在这个当口，小概率事件发生了：赵破奴趁着夜色亲自外出探寻水源，人单势孤之下遭遇匈奴骑兵，竟然被活捉了。我们不得不感叹，儿单于虽然人品差，但运气绝佳。先是及时粉碎了左大都尉的政变阴谋，随即又在战场上捡了一个天大的便宜。趁着汉军群龙无首且来不及调整，儿单于做出了一个任何指挥官都不会犹豫的抉择：发动强攻。

汉军一方面勉力支撑，一方面惶惶不安，因为主帅不见了。

各级军官一商量：主帅没了，咱们回去也是死罪，不如……结果到底什么样，《资治通鉴》的原文是"莫相劝归者，军遂没于匈奴"，这是从《汉书·匈奴传》略加改写来的，而《汉书·匈奴传》又删改自《史记·匈奴列传》。作为原始素材的《史记·匈奴列传》大概存在很严重的传抄错误，语句读不通。总而言之，这二万汉军知道回国是死路一条，于是全军覆没。至于所谓全军覆没是抱着必死的决心战斗到了最后一个人，还是想通了既然回国就是死，索性投降了，只能交给读者见仁见智。

儿单于一战吞下二万汉军，大喜过望，当即派遣一支奇兵突袭受降城。虽然这一次没能得手,但匈奴大军挟战胜之余威,打进了汉帝国北境,然后从容撤离。

从汉帝国的角度来看,匈奴这个恶邻本来都被自己打得只剩半条命了,怎么就像回光返照一样,不但冲上来狠狠扇了自己一记耳光,还再一次冲进自己家里打砸抢烧?是可忍孰不可忍,汉匈必有一战!

这一战到底要怎么打,就是太初三年(前104年)的事情了,我们放到后面再看。

耕读传家

原文:

冬,十二月,兒宽卒。

本年度的最后一件事情,是御史大夫兒宽过世。

兒宽是这个酷吏时代里少有的温和派。前文讲过他在左内史上的经典表现:当时兒宽的租税完成量在同级干部当中垫底,面临免职的处分。当地百姓得知这个消息后积极缴纳粮食,富裕家庭用牛车拉,贫苦人家用担子挑,转眼间超额完成了租税指标,让兒宽从业绩垫底一跃成为全国第一名。[1]《史记》记载，兒宽升任御史大夫后，依旧温和宽厚，但他不是傻老实，而是很会顺从武帝的心思，又擅于调解纠纷，所以在任上倒也安安稳稳做下来了。但他作为监察部门的首长，从未匡正过武帝的过失，而且在他的任上，下属官员都不大看得起他，为他做事时也没有尽心尽力。（《史记·儒林列传》）

大概在司马迁看来，兒宽的看家本领只是明哲保身，至于政绩好坏，其实都是随机事件。他的那一套在地方官任上对老百姓行得通，但在御史大夫任上对下级官员就行不通了。

兒宽在汉代儒学史上有一席之地。他在家乡师从《尚书》专家欧阳生，而这位欧阳生是秦博士伏生的弟子，与晁错算是师兄弟，所以算起来兒宽该喊晁错"师叔"。

兒宽学成《尚书》后，受到郡里推荐，到长安做了博士官门下的弟子，他的老师就是一代儒宗孔安国。兒宽家贫，在孔安国门下半工半读，在学校给同学们做饭，还要外出偷偷打工。《史记》形容他"行常带经，止息则诵习之"，意思是说，兒宽随身带着儒学经

---

[1] 详见前文第150讲。

书，虽然一天到晚忙着打工，但只要一得空，就拿出来读。（《史记·儒林列传》）

《汉书》里说儿宽"带经而鉏（锄）"，挥着锄头干农活儿，随身带着经书。"带经"和"荷锄"从此成为一组成对的文化语码，在历代诗文当中反复出现。道理不难理解："荷锄"等价于"耕"，"带经"等价于"读"，所以"带经荷锄"就是古代读书人最推崇的"耕读传家"。当然，"耕读传家"的"耕"最好是耕自家的田，而不是像儿宽那样给别人打短工。

清初文坛宗师王士禛的书斋叫带经堂，文集叫《带经堂集》，诗话叫《带经堂诗话》，出处就在这里。据王士禛自己讲，皇帝御赐"带经堂"三个大字，他一看就懂，这不就是用了儿宽"带经而锄"的典故嘛。于是他取杜甫诗句"细雨荷锄立，江猿吟翠屏"的句意，画了一幅《荷锄图》，后来又从此引申，创作了一首绝句："曾向欧阳受《尚书》，生涯常忆带经余。披图却爱林和靖，五字春阴入荷锄。"（［清］王士禛《分甘余话·卷四》）

诗的前两句写了儿宽生平，后两句则出自宋朝隐士林和靖的《小隐自题》，"春阴入荷锄"就是林和靖的原句。林和靖在写"春阴入荷锄"的时候，只是写实，而王士禛把这一句原封不动嫁接到自己的诗里,让"荷锄"和"带经"形成呼应,含义马上就变了。抄袭抄到这种水平,哪怕都公然指名道姓了,也没人觉得这是抄袭,只会挑大拇指说一声:"高,实在是高!"

儿宽以知识改变命运,甚至位列三公,但这点成就放在历史的时间尺度里并不足为奇,只有"带经而锄"这寥寥四字成为儿宽留给后人的一笔最有生命力的文化遗产。

太初二年的大事件到此结束。

汉武帝太初三年

173 汉代的彻侯是怎样逐渐凋零的

兄终弟及

原文：

（三年）

春，正月，胶东太守延广为御史大夫。

上东巡海上，考神仙之属皆无验，令祠官礼东泰山。

夏，四月，还，修封泰山，禅石闾。

这一讲我们进入武帝太初三年（前102年）。春正月，武帝任命延广为御史大夫，接替刚刚过世的儿宽。他本人照例出巡，到东部沿海考察方士们的求仙成果，当然依旧一无所获,然后照例到泰山封禅。不管国内外形势多么严峻,这一套标准流程总是不能少的。

原文:

匈奴儿单于死,子年少,匈奴立其季父右贤王呴犁湖为单于。

匈奴那边,儿单于似乎耗光了自己的好运气,在逆风飞扬的风口上突然英年早逝。根据《史记》的记载,儿单于原计划亲自指挥攻打受降城,结果病死在半路上。出师未捷身先死,这倒是让大汉君臣舒了一口气。

回顾儿单于的一生,天不假年,从继位到病故不过三年时间。这三年间,尽管暴雪肆虐,族人离心,但儿单于凭借残暴的性情和爆棚的好运,为颓势中的匈奴人大大提振了一次士气。假如上天再多给他几年寿命,不知道他会不会成长为另一个冒顿单于呢?

匈奴人很快面临单于大位的继承权问题:儿单于之所以叫儿单于,就是因为他年纪小。他虽然留下了自己的骨血,但这个小男孩实在小得没法继位。于是,匈奴人拥立儿单于的叔父,也就是乌维单于的弟弟右贤王呴(gòu)犁湖为单于。

在草原民族中，首领必须像狼群中的头狼一样，这决定了小孩子即使血统再纯正，也无法正常接班。然而，历代单于基本维持着父死子继的传统，因为这确实是符合人性的选择，只有伊稚斜抢班夺权是一个例外，如今呴犁湖上位则是另一个例外。

那么，新上位的单于会给汉匈关系带来什么变化呢？

匈奴入境

原文：

上遣光禄勋徐自为出五原塞数百里，远者千余里，筑城、障、列亭，西北至庐朐，而使游击将军韩说、长平侯卫伉屯其旁；使强弩都尉路博德筑居延泽上。

汉帝国采取了新战术，在边境几百里之外修建大大小小的城堡和要塞，并一路扩展到了今天蒙古国境内。这一时期的将领中，有一位叫作长平侯卫伉，他就是卫青的长子。卫伉子承父业，先任侍中，有了给武帝端尿壶的资格，现在终于开始统兵作战，北征匈奴。卫伉的爵位"长平侯"就是从父亲卫青那里继承来的。

原文：

秋，匈奴大入定襄、云中，杀略数千人，败数二千石而去，行破坏光禄所筑城、列亭、障；又使右贤王入酒泉、张掖，略数千人。会军正任文击救，尽复失所得而去。

这一年秋天，匈奴大举入境，虽有得失，但总体上还是占了些上风。反观汉帝国，先是李广利的西征大军跌了个灰头土脸，折损几万人，再是赵破奴被匈奴俘虏，二万汉军全军覆没，在最新一轮的攻防战中，汉军也没占到任何便宜。这意味着西域诸国可能会彻底倒向匈奴，汉帝国自张骞凿空以来的苦心经营可能会前功尽弃。

但这个转变并没有真的发生，原因我们稍后再讲，现在先沿着《资治通鉴》的时间线，来看汉帝国的一起人事任免事件。

一叶知秋

原文：

是岁，睢阳侯张昌坐为太常乏祠，国除。

事情并不复杂，睢阳侯[1]张昌在太常任上因工作不力被撤销爵位。

这是张昌在历史舞台上第一次，也是唯一一次出镜。无论是他这个人还是他被撤销爵位这件事，在历史上都显得无足轻重。而张昌之所以被重重记下一笔，是因为他被罢免预示着更大的政治变革正在酝酿，就好像"见一叶落而知秋"的那"一叶"一样。

张昌的睢阳侯是从其父张广国那里继承来的。张家的血脉可追溯到汉朝初年八大异姓王之一的赵王张耳。（《汉书·张耳陈馀传》）张耳这一脉虽然历尽波折，但好歹保有一个彻侯头衔，理论上依然是汉帝国的小股东。张昌担任的太常职位属于皇家礼仪官，位列九卿，像宗庙祭祀、陵园管理这类事情，都归太常管。

朝廷有一个惯例，太常这个职位一律由彻侯担任。比如前文讲过，主父偃被灭族的同年，武帝想让蓼侯孔臧补张欧的缺，任御史大夫，但被孔臧婉拒。于是，武帝任命孔臧为太常，给他三公级别的礼遇。[2]

孔臧应当是出于真心。但假如他真的做了御史大

---

[1] 《汉书》作"睢陵侯"。

[2] 详见前文第107讲。

夫，面对纷繁复杂的时务和公孙弘、主父偃式的人物，大概率是不会善终的。可见他既有自知之明，又懂得如何明哲保身。

但即便如此，孔臧在太常任上只做了一年时间，就因未能及时修缮一座礼仪性质的天桥而被免职。（《汉书·高惠高后文功臣表》）[1] 太常工作的重要性可大可小。往大处说，"国之大事，在祀与戎"，祭祀活动占到了国家大事的一半，尤其不能对皇帝的列祖列宗失了半点礼数。往小处说，无论富国也好，强兵也罢，都跟太常的工作没有任何关系。

耐人寻味的是，太常这个岗位竟然很难做。宋代学者洪迈做过一个统计，自武帝元狩年间以来，被问罪撤职的太常竟然多达二十人——简直就是动辄得咎。洪迈推测，武帝就是要打压彻侯，吞掉他们的封地，所以存心让彻侯担任太常，方便整治他们。（[宋]洪迈《容斋随笔·卷七》）

正因为太常工作的重要性可大可小，所以随便抓个小纰漏就可以无限放大。孔臧的情况还算好，只是被免职，但张昌的结局就不一样了——他不但被免职，

---

[1] 《汉书·高惠高后文功臣表》："元朔三年，坐为太常衣冠道桥坏不得度，免。"

还连带着被撤销爵位,连侯国也被收归国有。

彻侯凋零

原文:

初,高祖封功臣为列侯百四十有三人。时兵革之余,大城、名都民人散亡,户口可得而数,裁什二三。大侯不过万家,小者五六百户。其封爵之誓曰:"使黄河如带,泰山若厉,国以永存,爰及苗裔。"申以丹书之信,重以白马之盟。及高后时,尽差第列侯位次,藏诸宗庙,副在有司。逮文、景,四五世间,流民既归,户口亦息,列侯大者至三四万户,小国自倍,富厚如之。子孙骄逸,多抵法禁,陨身失国,至是见侯裁四人,罔亦少密焉。

《资治通鉴》从张昌事件追溯过往:汉朝开国时,刘邦分封了一百四十三位彻侯。当时天下初定,人口流失严重,大城名都的在籍人口也不过十之二三。那时,彻侯封地大的有万户,小的只有五六百户。封爵的誓词是这么说的:即便有一天黄河变得像衣带一样细,泰山变得像磨刀石一样小,大家的封国也会安然无恙,世代相传。

当时誓词庄重,开证明、杀白马等仪式一应俱全。

到了吕后时代，封爵等级和排序被重新厘定了一次。后来经过文景之治，原先逃散的百姓纷纷回家并且生儿育女，侯国大者三四万户，小者也比原先户口翻番。

彻侯子孙过着骄奢淫逸的生活，大多因为违法乱纪被撤销爵位。如今只剩下四位彻侯，法网也越发严密了。

硕果仅存的彻侯到底是哪些人，史料记载并不清晰。（[清]赵绍祖《读书偶记·卷四》）但这不重要，重要的是汉朝开国百年来，我们看到一个趋势：先是异姓王被迅速剪除，再是一百多位彻侯所剩无几，中央集权的势头一往无前。

从当初封侯时的信誓旦旦，到如今彻侯凋零，引发了后人无尽的唏嘘。但如果我们基于此认为，刘邦早在立誓时就虚与委蛇，憋着将来狠狠收拾这些彻侯，可能或多或少冤枉了刘邦。

共患难易，共富贵难，这背后是人类作为社群动物的顽固天性。

人与人的约定基于特定的情境，而随着时间推移，情境和强弱之势会改变，无数的不确定因素都有可能占据中心位置，这不是一句"等闲变却故人心"就可以简单归因的。

国家股东之间，如果封建制成了共识，那就会像周朝那样,终有天子式微、大国诸侯崛起的一天。就算周天子灭掉了当下所有的诸侯国,结果还是要把大片国土分封出去。换句话说,大国诸侯崛起是封建制下的系统性风险,或迟或早都会发生。

汉朝实行郡国双轨制,有秦朝郡县制作为历史经验,那么皇帝不仅有充分的动机吞掉大大小小的诸侯国和彻侯采邑,还有现成的手段可以消化这些土地和人口。

历朝历代,虽然开国元勋的特权在名义上都受到了保障,但结局往往并不理想。

174

武帝是怎样赌上国运二次西征的

这一讲我们继续留在武帝太初三年（前102年），是时候交代李广利西征军团下一步的行动了。

力排众议

原文：

汉既亡浞野之兵，公卿议者皆愿罢宛军，专力攻胡。天子业出兵诛宛，宛小国而不能下，则大夏之属渐轻汉，而宛善马绝不来，乌孙、轮台易苦汉使，为外国笑，乃案言伐宛尤不便者邓光等。

就在赵破奴的二万汉军全军覆没之后，一个严峻的问题摆在了武帝面前：汉匈战争势不可免，汉帝国到底是把大宛这口气先忍下来，集中全力应对匈奴，还是双管齐下，同时对大宛和匈奴作战呢？

第一个方案在朝廷得到了压倒性的支持,因为不但匈奴的压力迫在眉睫,而且匈奴是进攻的一方,汉帝国就算不想应对也必须应对。大宛就不一样了,只要汉军不去打它,它不可能不远万里打进汉帝国的疆域。

孰轻孰重,一目了然。

但武帝不这么想。从私心来看,西征军团的失败让他颜面扫地,这口气不可能咽得下去;从战略来看,如果不能立即找回面子,那么整个西域都可能会倒向匈奴。所以没得商量,大宛必须打。

于是,武帝挑明态度,将力主暂停对大宛作战的高级官员邓光等人下狱问罪。言下之意很明确:谁再敢提搁置大宛问题的建议,下场就和邓光他们一样。

这位邓光到底是何许人也,史料当中没有太多记载。只因遭遇了这样一场无妄之灾,他才青史留名。在后人看来,国务会议当然应该集思广益,就算有人出了馊主意,也不该治人家的罪,不然以后谁还敢畅所欲言呢?

但如果把整件事上升到国格高度,其实也可以诟病邓光几人。畅所欲言,不等于连有损国格的意见都可以讲。清朝学者姚燮是浙江镇海人,近距离感受过鸦片战争的硝烟,所以在诗中写道"区区邓光流,罪奴不足齿"，表达的态度很明确：邓光这种货色就该被治罪，国耻不能忍，拼了命也要打。难道就不能以和为贵吗？姚燮的答案是：不可能，因为"天地绝外内，人兽乃殊生"，人类和野兽怎么能沟通？非打不可。（[清]姚燮《复庄诗问·卷二十二·读<汉书>五章其二》）

武帝大有一副圣明君主力排众议的架势。态度有了，作战需要的人力物力该如何解决呢？

二次西征

原文：

赦囚徒，发恶少年及边骑，岁余而出敦煌者六万人，负私从者不与，牛十万，马三万匹，驴、橐驼以万数，赍粮、兵弩甚设。天下骚动，转相奉伐宛五十余校尉。

这倒不难解决。因为酷吏遍天下，所以囚犯有的是。

再赦免一批囚犯，加上恶少年和边郡骑士，一年多的时间，集结到敦煌的兵力足有六万多人，这还不包括志愿参军和自备军需物资的人。

畜力方面，牛十万头，马三万多匹，驴子和骆驼也有数万之多。除此之外，粮食和武器也绰绰有余。

这场声势浩大的集结引发了天下骚动，全国上下都在为这个大型军事项目奔忙不休。我们刚才说的还只是开始，紧接着还有第二轮更大规模的人力物力的征集和调配。武帝显然为这一战赌上了国运，李广利的第二次西征只许胜，不许败。

原文：

宛城中无井，汲城外流水，于是遣水工徙其城下水，空以穴其城。

李广利在出发前就拟定了一个巧妙的作战计划：根据汉军掌握的情报，大宛国的都城贵山依赖流经城内的河流，从河流取水，城内并没有井。所以，李广利随军配备了精通水利的工程兵，准备利用工程技术让河流改道，截断贵山城内的水源，不战而屈人之兵。

七科谪

原文：

益发戍甲卒十八万酒泉、张掖北，置居延、休屠屯兵以卫酒泉，而发天下吏有罪者、亡命者及赘婿、贾人、故有市籍、父母大父母有市籍者凡七科，適为兵。

《资治通鉴》这段内容有些语焉不详，《史记》《汉书》也没能交代得更清楚，所以引发过很多争议，我们在这里观其大略就好——武帝在河西走廊一带集中了优势兵力，以确保李广利军团后顾无忧。否则，匈奴气焰正嚣张，一旦被他们截断了河西走廊，李广利军团的命运将岌岌可危。而武帝这样的军事部署，相当于牺牲了北部边境中段和东段的防御力量，只要匈奴避实击虚，像冒顿单于和老上单于时代那样，要么打云中，要么打渔阳，汉帝国必然会蒙受重大损失。但没办法，事急从权，兵行险着，无论如何都要拿下大宛，威服西域。

事实证明，武帝走的这着险棋最终有惊无险。他操心的问题仅仅是西北用兵的人力物力似乎还不够。怎么办呢？著名的"七科谪"政策登场了。

所谓七科谪，大体意思是常规罪犯不够用了，必须放宽标准，把那些虽然没坐牢，也没被问罪，但与社会主流价值观不那么合拍的人通通纳入征调范围，共有七种人：有罪官吏、逃亡者、赘婿、商人、曾经有市籍的人、父母有市籍的人、祖父母有市籍的人。

原文：

及载糒给贰师，转车人徒相连属；而拜习马者二人为执、驱马校尉，备破宛择取其善马云。

就这样，西北用兵的规模变得更大了。各种军需物资经由全国转运，源源不断地送达敦煌。武帝还特别任命了两名熟悉马性的人担任执驱校尉，准备在攻破大宛后挑选当地的良种马。

可见武帝这次西征大宛，彻底摒弃了过往轻敌的心态，充分意识到这一仗艰巨且必要，所以动员了举国之力，志在必得。

我们还要考虑到，经过武帝这些年的折腾，汉帝国内部已经产生了很强的离心力，社会秩序也岌岌可危。如果这一仗真的败了，那么内忧和外患就很容易形成合力，就此改朝换代也不是没有可能。

轮台屠城

原文：

于是贰师后复行，兵多，所至小国莫不迎，出食给军。

一切准备停当，李广利开始了第二次西征。

这一次阵容强大，所过之处再没有谁还敢闭门不纳，全都大开城门热烈欢迎，真的箪食壶浆以迎王师了。

只是，如此规模的一支大军，人吃马喂，真的不会把西域那些绿洲之上的城邦小国吃垮吗？

答案我们留到下一讲再公布。如果只看西域诸国的态度，那可真是一个比一个识时务。

原文：

至轮台，轮台不下，攻数日，屠之。

不过，凡事总有例外，这一次的例外是轮台国。

轮台，史料上也写作仑头，大概是当地语言的音译。这是吐火罗人建立的国家，位于今天新疆轮台县一带，乌鲁木齐的西南方向。

轮台的北边是天山山脉，南边是塔里木盆地和塔克拉玛干沙漠，当年李广利大军西进，这一带是必经之路。在第一次西征的时候，如果走到这里，轮台国不肯配合，李广利就会打上几天，打得下就进去抢补给，打不下就果断放弃，饿着肚子继续西进。但这次情况不同，哪怕不缺粮，也要把这个不配合的轮台打下来，不然堂堂西征大军颜面何存？

几天后，轮台被攻破。这次可不是抢夺补给就算了，李广利做出了惩罚性的打击：屠城。

围困宛城

原文：

自此而西，平行至宛城，兵到者三万。宛兵迎击汉兵，汉兵射败之，宛兵走入，保其城。贰师欲攻郁成城，恐留行而令宛益生诈，乃先至宛，决其水原移之，则宛固已忧困，围其城，攻之四十余日。

仅从战术角度来看，屠城确实起到了杀一儆百的效果。西征大军再度开拔后，三万大军一路顺风顺水地抵达大宛国都贵山城下，再没遇到任何阻碍。

兵临城下，大宛军队先是在城外吃了亏，索性不再出战，坚城固守。汉军围城强攻四十多天，同时截断城内水源。

事态发展到这一步，大宛贵族们不得不商量保命方案了。

新方案不难想象：汉人原本只是好好生生来要马，大宛国王非但不给，还杀光了汉使，这才招致今天的灭国危机。罪魁祸首是国王，跟别人没关系；至于那些马,给出去就是了,有什么不可以呢?

国王本人其实也不难想通这个逻辑。假如历史经验足够丰富,他就会知道,这个时候要推一个替罪羊出去,然后向汉军解释,自己当初是受了奸臣蒙蔽才做错了事,现在奸臣已经伏诛,宝马任凭挑选,这样事情多半就能过去。

大宛求和

原文:

宛贵人谋曰:"王毋寡匿善马,杀汉使,今杀王而出善马,汉兵宜解;即不解,乃力战而死,未晚也。"宛贵人皆以为然,共杀王。其外城坏,虏宛贵人勇将煎靡。宛大恐,走入城中,持王毋寡头,遣人使贰师,约曰:"汉无攻我,我尽出善马恣所取,而给汉军食。即不听,我尽杀善马,康居之救又且至,至,我居内,康居居外,与汉军战。孰计之,何从?"是时,康居候视汉兵尚盛,不敢进。

但国王已经没机会了——大宛贵族计议已定,要联手杀了国王,拿国王的人头向汉军求和。当然,他们还是把话说得很体面:"如果停战,宝马任你们挑选;如果你们不答应,我们就把宝马杀光。而且,康居的援兵也快到了,你们自己掂量着办。"

大宛贵族倒也不算虚张声势,因为康居国派的援兵确实来了。只不过,他们探查到汉军的实力后,就没敢再往前走。

原文:

贰师闻宛城中新得汉人,知穿井,而其内食尚多,计以为"来诛首恶者毋寡,毋寡头已至,如此不许则坚守,而康居候汉兵罢来救宛,破汉兵必矣";乃许宛之约。

汉军指挥部分析局势后,一致同意见好就收。

他们当然顾忌大宛会鱼死网破,也担心一旦久攻不下,康居援兵会趁机发动。但在这个决策背后起关键作用的是这样一则情报:大宛粮食储备充足,又在围城之内找到了懂得挖井的汉人,一旦他们挖好井,储备好用水,事情就难办了。

既然现在已经拿到了大宛国王的人头,汉帝国的面子有了;再拿到宝马,里子也有了。这样的战果已经足以让武帝满意,没必要为了增加一点不重要的战绩而冒更多的风险。

原文：

宛乃出其马，令汉自择之，而多出食食汉军。汉军取其善马数十匹，中马以下牝牡三千余匹，而立宛贵人之故时遇汉善者名昧蔡为宛王，与盟而罢兵。

就这样，双方达成停战协议。汉军挑走了几十匹良马和三千多匹中等以下的公马、母马，立了一位亲近汉帝国的贵族为大宛新王，立约而还。

事情到这里算是结束了。只是，我们还要结合前文的内容来思考两个问题：先前武帝已经从大宛国获得了著名的汗血马，这次他费尽心思想从大宛贰师城得到的这种宝马，难不成比汗血马还要好？再有，这次西征，武帝倾全国之力组建了一支大军，为什么李广利带到大宛都城下的汉军只有三万人呢？

汉武帝太初四年

175
西征大宛的战损率为何如此之高

天马

为了回答上一讲留下的问题,我们先来回忆一下前文的内容。

武帝其实先后得到了几次西域宝马。起初,他从乌孙国获得了宝马,喜欢得不得了,给它们取名"天马",这已经是名号的天花板了。后来,武帝又获得了大宛国的汗血马,品质比天马更好。怎么办呢?那就改名好了:原先的天马改称"西极马",新来的汗血马改称"天马"。这种改名方式让史料记载变得混淆。由于武帝当时得到的汗血马数量很少,大约没法繁衍,这才有了无数使者西行求马的事情,后来又有李广利远征大宛求取贰师城的宝马。[1] 所以,贰师城的宝马即使不是品种最好的一批马,至少也是汗血马当中的精品吧。

得失评价

仗确实打赢了,宝马也确实带回来了,但后人对这场战争的评价却两极分化。根据《盐铁论》的记载,民间发言人首先抨击张骞那些人,说他们在武帝面前夸赞大宛国的汗血马和安息国的真玉大鸟,勾起了武帝的欲望,非要得到这些奇珍异宝不可。但结果呢,"夫万里而攻人之国,兵未战而物故过半,虽破宛得宝马,非计也"。(《盐铁论·卷八·西域》)这段话掷地有声,意思是,跨越万里去打别的国家,还没走到地方就死了一多半人,就算最后攻破了大宛,得到了宝马,从国家层面来看实在很失策。

为什么说很失策呢?因为当时的汉帝国已经民不聊生,盗贼四起。政权之所以没有垮掉,全凭武帝"圣灵斐然"。

---

[1] 详见前文第148讲。

这里要解释一下，所谓全凭武帝"圣灵斐然"，其实只是场面话，换句话说就是纯属运气好。但治国总不能全凭运气吧？

然而到了南宋，面对北方游牧政权的欺凌，人们再看二征大宛这段历史，心情就不一样了。陆游在《胡无人》中写道："中华初识汗血马，东夷再贡霜毛鹰。群阴伏，太阳升，胡无人，宋中兴。"汗血马的到来，可不仅仅是代表着皇帝多了个玩物，而是代表着中华文明威服四夷，让人扬眉吐气。

对这次西征大宛的理解，正应了"一切历史都是当代史"这句老生常谈。

攻打郁成

再来看上一讲留下的另一个问题：武帝倾全国之力组建了一支大军，为什么李广利带到大宛都城下的汉军只有三万人呢？

原文：

初，贰师起敦煌西，分为数军，从南、北道。校尉王申生将千余人别至郁成，郁成王击灭之，数人脱亡，走贰师。

答案其实不难想到：以李广利当时的军容，如果全军开拔，沿途那些绿洲之上的城邦小国根本接待不过来。因此，李广利不但兵分几路，而且这几路大军分别走南、北两途。

我们聚焦在郁成这条线上：有一支千余人的汉军单独走到了郁成，但郁成人拒不接待。

郁成人的态度很可以理解，毕竟截杀大汉使团的是他们，在李广利第一次西征时击败汉军的也是他们。他们不但和汉军结下了深仇，而且挟战胜之威，并没有把汉军放在眼里。

但郁成城外的这支汉军距离大部队只有二百里，靠山大，口气就大，责备郁成国不接待。郁成也是个狠角色，摸清了这支汉军每天都在减员后，在一个清晨出动三千人发起突袭，把这支汉军打得全军覆没。在二征大宛的所有战斗里，这是汉军唯一的一次败绩。

深入康居

原文：

贰师令搜粟都尉上官桀往攻郁成，郁成王亡走康居，桀追至康居。康居闻汉已破宛，出郁成王与桀，桀令四骑士缚守诣贰师。上邽骑士赵弟恐失郁成王，拔剑击斩其首，追及贰师。

不过，这时候的李广利已经今非昔比。他派出搜粟都尉上官桀攻打郁成。

汉军大军压境，郁成自然招架不住，于是郁成王逃到了康居。偏偏这个上官桀不是一个见好就收的人，硬是死缠烂打，一路追到了康居。

提到上官桀这个名字，熟悉汉朝历史的人想到的是那位接受武帝遗诏辅佐幼主，后来和霍光一道呼风唤雨的权臣。不过，这是重名不同人，两位上官桀偏巧生活在同一个时代，只是攻打郁成的上官桀年长一些。（[清]王先谦《汉书补注·百官公卿表》[1]）

康居的疆域大约在今天哈萨克斯坦南部和乌兹别克斯坦东部一带。虽然当时还没有名震欧洲的哥萨克骑兵，但康居毕竟是个武力强大的西域大国。上官桀孤军深入，要是真遇到两军对垒的情况，胜算微乎其微。后来论功行赏时，上官桀被褒奖"敢深入"，足以说明他当时追到康居需要何等的胆魄。

---

[1] [清]王先谦《汉书补注·百官公卿表》："先谦曰：'此又一上官桀，从李广利征大宛，以敢深入为少府，见广利传，非左将军上官桀。'"

康居是大宛的盟国。正所谓"患难见真情",一得到大宛国被汉军攻破的消息,康居就把郁成王交给了上官桀。上官桀安排四名骑士把郁成王捆好,送交李广利处置。

只不过,在敌境之内押送一名重要人犯,只派四个人未免有些托大。接下任务的四名骑士很为难,生怕沿途猝生变故,越合计越觉得应该赶紧杀掉郁成王,以免夜长梦多。但问题是,如果真的这么做了,就等于公然违抗军令。所以,大家虽然意见一致,却没人敢动手。

也许正应了"江湖越老,胆子越小"这句话,总需要年轻人的一点点鲁莽才可以打破僵局——四名骑士中最年轻的赵弟挺身而出,拔剑砍下了郁成王的首级。四人轻装出发,带着这颗首级与汉军主力会合。

这里先留下一个问题:赵弟做了这么出格的事情,将来到底是会受赏,还是会受罚呢?

吏贪不爱卒

原文:

(四年)

春,贰师将军来至京师。贰师所过小国闻宛破,皆使

其子弟从入贡献，见天子，因为质焉。

太初三年就这样结束了，进入太初四年（前101年）。春暖花开之时，李广利胜利返回长安，随行的还有西域诸国的王子和使者，好一派"万国衣冠拜冕旒(liú)"的景象。

这次二征大宛震撼了西域诸国，让他们真正认识到了汉帝国的强大，于是纷纷派王子和使者随李广利同赴长安，朝见天子。当然这些王子后来就留下来当人质了。

原文：

军还，入马千余匹。后行，军非乏食，战死不甚多，而将吏贪，不爱卒，侵牟之，以此物故者众。

外国人虽然来了不少，回来的同胞却少得惊人。但《资治通鉴》可能是在传抄当中抄漏了字，因为根据《史记》《汉书》的记载，西征军团返回玉门时，有一万多人和一千多匹马。

回顾当初大军集结时，一年多的时间，集结到敦煌的兵力就有六万多人，这还不包括志愿参军和自备军需物资的人。畜力方面，有牛十万头，马三万多匹，驴子和骆驼也有数万之多。[1]

我们很难想象，二征大宛的战损率竟然高到这种程度。按照前面所说，除了在郁成国有一支千人规模的队伍遭到全歼以外，这场战争中并没有其他激战，后勤补给也很充足，那么，这么多人到底是怎么死的？

现在我们知道答案了：这几万死在西域的士兵，其实没多少是战死的，而是因为受到军官盘剥和虐待，才没能挺过西域的恶劣环境。

这段内容的原始素材来自《史记·大宛列传》。读到西征军团班师入玉门的一幕时，我们很容易联想到当初为伐大宛而举国扰攘的场面。这就是司马迁的写作技巧，虽然没有一个字的议论，但"不着一字而尽得风流"。

原文：

天子为万里而伐，不录其过，乃下诏封李广利为海西侯，封赵弟为新畤侯，以上官桀为少府，军官吏为九卿者三人，诸侯相、郡守、二千石百余人，千石以下千余人，奋行者官过其望，以谪过行，皆黜其劳，士卒赐直四万钱。

---

[1] 详见前文第174讲。

汉帝国北伐匈奴的历次作战，杀了多少敌人，损失了多少自己人，数字直接关乎指挥官的功过。但这次例外。武帝认为二征大宛本就该不计成本、务求必胜，只要打赢了，就不挑毛病了，对将士们也只论功，不论过。

武帝封李广利为海西侯，终于了结了给大舅哥封侯的心愿。至于自作主张砍下郁成王首级的那位赵弟，非但没有被军法处置，反而受封新畤侯。总之，各种慷慨恣意的赏赐，让人喜出望外。

在所有封赏里，赵弟的封侯格外醒目。宋人张耒有一首名为《赵弟》的绝句："男儿何用立奇勋，赵弟从军初不闻。但斩郁城（成）侯万户，不须猿臂老将军。"这是感叹武帝的赏罚非常随意。赵弟只是一名普通骑士，并没有斩将搴旗之功，仅因砍下了一名俘虏的首级就被封侯，这可让当年的飞将军李广情何以堪？

张耒还有一首七律，我们只看前半段："郁城（成）本自贰师谋，骑士拔剑犹封侯。董生明经守正直，白首区区相侯国。"（[宋]张耒《张耒·卷十二·有感三首·其一》）他又把赵弟拎出来跟董仲舒做对比，说人家董仲舒兢兢业业一辈子，到老也不过是个诸侯国相，怎不让人唏嘘啊！

假如有机会回答张耒，武帝应该会说："远征大宛属于非常之举，冒的是非常的风险，立了功自然属于非常之功。所以，一切规章制度都可以被打破。官爵和赏赐只有抛撒着给，才能对人形成有效的激励。"

这种问题究竟孰是孰非，注定没有标准答案。

176

轮台是怎样成为高频语码的

楼兰求归

原文：

匈奴闻贰师征大宛，欲遮之，贰师兵盛，不敢当，即遣骑因楼兰候汉使后过者，欲绝勿通。时汉军正任文将兵屯玉门关，捕得生口，知状以闻。上诏文便道引兵捕楼兰王，将诣阙薄责。

匈奴看到汉帝国西征大宛，当然不可能坐视不理。不过，这次他们不敢硬碰硬，只敢搞些小动作，比如派人联络楼兰，试图神不知鬼不觉地截断汉使后路。

这时候，武帝先前派重兵守护河西走廊的意义就突显出来了——河西走廊一带集中了优势兵力，可以确保西征大军后顾无忧。

所以，匈奴的密谋很快便败露了，武帝派人逮捕楼兰王归案。

原文：

王对曰："小国在大国间，不两属无以自安，愿徙国入居汉地。"上直其言，遣归国，亦因使候司匈奴，匈奴自是不甚亲信楼兰。

先前对付楼兰还要兴兵动武，如今已经用不着了。楼兰王也没做什么辩解，直言不讳地说："我们楼兰一个小国夹在你们两个大国之间，不论得罪了谁都没好下场，要不这样好了，我们楼兰国人全体搬家过来，从此做汉人吧。"

如果拿现代民族国家的价值观来评价楼兰王，我们也许会觉得他甘当卖国贼——一个负责任的国王应当宁为玉碎，不为瓦全。而在当时的语境下，举国归化这种事既不丢脸，也不新鲜。但武帝这一次竟然没同意，只是原谅了楼兰王，让他回国，替汉帝国好好探查匈奴的动向。

这就可见楼兰的地理位置极为重要。而经过这次波折，匈奴对楼兰自然存了芥蒂。

简单交代几句后话：在整个西域世界里，楼兰位于最东端，汉帝国的军队和使团前往西域时，往往第一个经过楼兰。楼兰实在不堪其扰，感觉伺候汉人还不如伺候匈奴呢。所以，随着时间的推移，楼兰最终还是倒向了匈奴，这才有了后来傅介子刺杀楼兰王的名场面，让后世的文人墨客每每因此壮怀激烈。

西域要塞

原文：

自大宛破后，西域震惧，汉使入西域者益得职。于是自敦煌西至盐泽往往起亭，而轮台、渠犁皆有田卒数百人，置使者、校尉领护，以给使外国者。

二征大宛后，汉使在西域就可以畅通无阻了。

汉人擅长基建，因此在敦煌以西直到盐泽一带修筑了各种要塞，并在轮台、渠犁等地安置了几百人规模的屯垦部队。这样一来，在西域活动的汉使就可以很方便地获得补给和保护。

轮台先前是李广利西征军团屠城的地方[1]，如今已经成为汉军的屯驻地。轮台和渠犁的军屯，标志着汉帝国在西域大规模屯田的开始。这也意味着，汉帝国领

---

1 详见前文第174讲。

土的西端已经扩展到今天新疆轮台县一带。

我们今天仍能看到汉帝国在西域修筑的要塞遗址。至于如何区分这些遗址到底是汉人建造的还是西域三十六国原有的，有一个简便的方法：凡是朝向正南正北的正方形遗址，基本上就是汉代建筑；凡是在正南正北基础上旋转了四十五度的正方形遗址，基本上就是魏晋时代的产物；而那些圆形的城郭遗址，则大多是汉代西域三十六国的本土建筑。

这个方法背后的逻辑不难理解：四四方方、正南正北是华夏文明的建筑范式，而到了西域，空白区域很大，城郭规模却不必太大，所以用不着因形就势，只要修成规规整整的正方形就可以。但汉人不了解西域的天气，不知道面对当地肆虐的西北风时，还是圆形的城墙更容易承受压力。到了魏晋时代，人们逐渐积累了这些经验，但路径依赖不容易摆脱，所以采取了折中方案——城墙虽然还是正方形，但旋转四十五度，巧妙地卸掉了西北风的压力。(林梅村《考古学视野下的西域都护府今址研究》)

轮台诗情

在汉帝国所有的西域屯驻要塞中，轮台是最出名的一处。武帝晚年颁布《轮台罪己诏》，指的就是这里。

唐朝设有轮台县，虽然位置已经转移到了今天的乌鲁木齐一带，但沿用了汉朝"轮台"的名字，后来还在轮台县附近设置了轮台州都督府。

在唐朝的边塞诗歌中，轮台是一个出镜率很高的文化语码。但诗里的"轮台"到底是实指唐轮台还是虚指汉轮台，又或者虚者实之，实者虚之，往往不易分辨。诗人们似乎也很享受这种古今交织、虚实莫辨的诗意，尤其是以汉代唐。

唐代最著名的边塞诗人岑参有一首《轮台歌奉送封大夫出师西征》，劈头就是"轮台城头夜吹角，轮台城北旄（máo）头落。羽书昨夜过渠黎（犁），单于已在金山西"。这几句诗中的地名完全呼应《资治通鉴》原文里的"而轮台、渠犁皆有田卒数百人"。实际上，这些诗句只是虚实结合，拿汉轮台暗指唐轮台。

还有陆游的那首《十一月四日风雨大作·二首之二》，是我们从小就背熟的："僵卧孤村不自哀，尚思为国戍轮台。夜阑卧听风吹雨，铁马冰河入梦来。"陆游当时被同僚孤立、排挤，前途一片黯淡，个人生活一塌糊涂。即便如此，他仍在"尚思为国戍轮台"，字面意思是想为国效力，到遥远的轮台当一名边防军人。

这里的"轮台"显然只是虚指，无论是汉轮台还是唐轮台，都未曾出现在宋朝的版图上，陆游当然也未曾到过两地。在他的诗里，曾经实实在在作为汉唐边防哨所的轮台已经被抽象化，成为边防哨所的代称，寄托了他对华夏政权全盛时代的怀念和憧憬。至于轮台土著的命运，以及轮台被李广利大军屠城的历史，早已经成为高度虚化的远景，既看不清，也不被注意。

明光宫

原文：

后岁余，宛贵人以为昧蔡善谀，使我国遇屠，乃相与杀昧蔡，立毋寡昆弟蝉封为宛王，而遣其子入侍于汉。汉因使使赂赐，以镇抚之。蝉封与汉约，岁献天马二匹。

让我们回到叙事主线。二征大宛之后，大宛贵族们像多年之后的陆游一样，要在悲愤的情绪中消化国耻带来的种种负面情绪。他们把新任国王当作替罪羊，认为正是他的亲汉态度酿成了大宛的悲剧。于是，贵族们联手杀死了新任国王，另立前任国王的兄弟为王。吊诡的是，新政权竟然派王子到长安当人质。

这场政变的发生，让我们以为大宛贵族渴望回到先前的独立状态——即便不与汉帝国为敌，至少也要划清界限，井水不犯河水。谁曾想，贵族们还是识时务的，杀掉那位被李广利扶植的新王只是宣泄情绪而已，等情绪宣泄完了，该送质子还是送质子，该搞外交还是搞外交。新任大宛国王甚至还和武帝约定，每年进献天马两匹。

原文：

秋，起明光宫。

冬，上行幸回中。

当年秋天，武帝兴建明光宫，并在冬天进行了一次短途出游。唐诗中反复出现的"明光宫"就是在那时奠基的。李白诗有"霜凋逐臣发，日忆明光宫"（《鲁中送二从弟赴举之西京》），王维诗有"天子临轩赐侯印，将军佩出明光宫"（《少年行四首·其四》）。

根据《三辅黄图》的说法，武帝是为了求仙才兴建这座明光宫的，并且征集了燕赵美女两千人充实这座宫殿。（[清]王先谦《汉书补注·武帝纪》）虽然事情的可信度难以确认，不过当时燕赵地区确实以美女闻名。《古诗十九首》中有"燕赵多佳人，美者颜如玉"。即便到了唐朝，李白还在说"魏都接燕赵，美女夸芙蓉"(《魏郡别苏明府因北游》)。

且鞮侯单于

原文：

匈奴呴犁湖单于死，匈奴立其弟左大都尉且鞮侯为单于。天子欲因伐宛之威遂困胡，乃下诏曰："高皇帝遗朕平城之忧，高后时，单于书绝悖逆。昔齐襄公复九世之仇，春秋大之。"且鞮侯单于初立，恐汉袭之，乃曰："我儿子，安敢望汉天子。汉天子，我丈人行也。"因尽归汉使之不降者路充国等，使使来献。

这一年里，匈奴呴犁湖单于过世，仅仅在位一年。匈奴人拥立他的弟弟且鞮（jū dī）侯为单于。就在匈奴政权新旧交替之际，武帝忽然发布了一道措辞极其严厉的诏书，回溯刘邦和吕后时代汉帝国被匈奴欺辱的往事，高举《春秋》"九世复仇"的正义大旗，气势汹汹地要为先祖报仇。

那么问题来了：武帝是不是被二征大宛的胜利冲昏了头脑？经过二征大宛的严重损耗，汉帝国难道还有实力北伐匈奴吗？

问题很难回答，毕竟以武帝的性格，这种事他确实做得出来。不过，这也可能是一种聪明的策略——既然二征大宛打出了大汉国威，那么在这个时候撂下狠话吓唬匈奴，匈奴不可能不害怕。

按照匈奴的传统，新单于上任之初要"新官上任三把火"：既要立威，让族人看到自己的能征善战，也要实实在在地发一笔财，给族人恩惠。所以在这种时候，汉帝国应该会担心匈奴乘虚而入。既担心，又因为刚经历重大损耗而无法立即发动攻击，那么，像武帝那样虚张声势就是最好的战术。

所谓"九世复仇"，其实是《春秋》公羊学的一个经典命题。大意是说，国君绝对不能忘记祖先的仇恨，就算过了几百上千年，都有义务向仇家的后代子孙发动灭国之战。倘若国君拒不履行这份义务，正义之士就有理由对其进行口诛笔伐。

再看匈奴那边，且鞮侯单于刚刚上任就碰到了这种局面，他会怎样应对呢？

我们站在上帝视角，可以很清楚地知道，如果那个时候武帝还要北伐，很可能真就把国家搞崩盘了。所以，且鞮侯单于只要对武帝的威胁置之不理就好。但且鞮侯单于真被吓怕了，忙不迭地解释道，汉天子是父一辈，我是子一辈，我哪敢冒犯汉天子呢？

光说空话当然不行，单于马上释放了这些年扣押的汉使，其中就包括前文讲过的那位佩戴二千石级别的印绶、护送匈奴贵使灵柩的路充国。[1]那么，匈奴真的服软了吗？

---

[1] 详见前文第164讲。

汉武帝天汉元年至二年

---------- 177 ----------

对李陵的态度经历了怎样的历史变化

更新年号

这一讲我们进入新的一年，武帝天汉元年（前100年）。问题马上来了：太初年号才用了四年，怎么就改成天汉了呢？具体原因已经无从考证，但最有可能的是，《太初历》的颁布重新塑造了汉帝国的国家仪式感，将水德改为土德，以正月取代十月，年号的使用规范也随之不同——以前是每六年一个年号，从太初以后变成每四年一个年号。

可以说，武帝年间是年号的初创期，当时的人都是摸着石头过河，后人面对错综复杂的史料记载，很多问题也难以理清。比如，改成土德后，吉祥数字是五，为什么不是每五年一个年号呢？

总之，太初时代结束了，我们正式进入天汉元年。天汉就是银河，也叫云汉。

按照古人的权威解释，因为汉帝国连年遭受旱灾之苦，改元天汉有祈求上天降雨的意思。《诗经·大雅》有一首《云汉》，据说是周大夫仍叔的创作，赞美周宣王虽然遭逢旱灾，但依然兢兢业业治理国家，终于天降甘霖。"天汉"这个年号，很可能就是这么来的。

苏武牧羊

原文：

（天汉元年）

春，正月，上行幸甘泉，郊泰畤。三月，行幸河东，祠后土。

上嘉匈奴单于之义，遣中郎将苏武送匈奴使留在汉者，因厚赂单于，答其善意。武与副中郎将张胜及假吏常惠等俱，既至匈奴，置币遗单于。单于益骄，非汉所望也。

天汉元年年初，武帝照例出游并进行祭祀。面对匈奴新任单于的示好，武帝投桃报李，释放了历年扣押的匈奴使臣，并派苏武为使者，护送他们归国。

苏武，这位中国历史上最著名的外交官，就是在这样一派祥和的气氛中悄然登场的。

且鞮侯单于不仅高调服软，自降一辈，还积极示好，放还了历年羁押的汉使，按说苏武这一程就应该顺风顺水，从此你好我好大家好。但事实并非如此。且鞮侯单于向武帝服软是一副面孔，接待汉使却是另一副面孔。道理其实不难理解。且鞮侯单于如果真的心甘情愿做武帝的子婿，就注定会被族人唾弃，难以保住单于的头衔。换句话说，他就算真心实意想跟汉帝国和解，想对苏武使团盛情相待，也不可能做到。

原文：

会缑王与长水虞常等及卫律所将降者，阴相与谋劫单于母阏氏归汉。卫律者，父故长水胡人，律善协律都尉李延年，延年荐言律使于匈奴，使还，闻延年家收，遂亡降匈奴。单于爱之，与谋国事，立为丁灵王。虞常在汉时素与副张胜相知，私候胜曰："闻汉天子甚怨卫律，常能为汉伏弩射杀之。吾母、弟在汉，幸蒙其赏赐。"张胜许之，以货物与常。后月余，单于出猎，独阏氏、子弟在，虞常等七十余人欲发，其一人夜亡告之。单于子弟发兵与战，缑王等皆死，虞常生得。

单于使卫律治其事。张胜闻之，恐前语发，以状语武。武曰："事如此，此必及我，见犯乃死，重负国。"欲自杀，胜、惠共止之。虞常果引张胜。单于怒，召诸贵人议，欲杀汉使者。左伊秩訾曰："即谋单于，何以复加！宜皆降之。"单于使卫律召武受辞。武谓惠等："屈节辱命，虽生，何面目以归汉！"引佩刀自刺。卫律惊，自抱持武，驰召医，凿地为坎，置煴火，覆武其上，蹈其背以出血。武气绝，半日复息。惠等哭，舆归营。单于壮其节，朝夕遣人候问武，而收系张胜。

武益愈，单于使使晓武，欲降之，会论虞常，欲因此时降武。剑斩虞常已，律曰："汉使张胜谋杀单于近臣，当死，单于募降者赦罪。"举剑欲击之，胜请降。律谓武曰："副有罪，当相坐。"武曰："本无谋，又非亲属，何谓相坐！"复举剑拟之，武不动。律曰："苏君！律前负汉归匈奴，幸蒙大恩，赐号称王，拥众数万，马畜弥山，富贵如此！苏君今日降，明日复然；空以身膏草野，谁复知之！"武不应。律曰："君因我降，与君为兄弟。今不听吾计，后虽欲复见我，尚可得乎！"武骂律曰："汝为人臣子，不顾恩义，畔主背亲，为降虏于蛮夷，何以汝为见！且单于信汝，使决人死生，不平心持正，反欲斗两主，观祸败。南越杀汉使者，屠为九郡；宛王杀汉使者，头悬北阙；朝鲜杀汉使者，即时诛灭；独匈奴未耳。若知我不降明，欲令两国相攻，匈奴之祸从我始矣。"律知武终不可胁，白单于，单于愈益欲降之。乃幽武置大窖中，绝不饮食；天雨雪，武卧，啮雪与旃毛并咽之，数日不死。匈奴以为神，乃徙武北海上无人处，使牧羝，曰："羝乳乃得归。"别其官属常惠等，各置他所。

按理说，即使单于对苏武态度倨傲，也不过是在族人面前争个脸面，不算什么大事。偏偏苏武误打误撞卷入了匈奴内部的一场政变，被单于拘押起来。

单于钦佩苏武的气节，想方设法让他归降，但始终无济于事。苏武牧羊的故事咱们从小就听，此处就不啰唆展开了。

原文：

天雨白牦。

夏，大旱。

五月，赦天下。

发谪戍屯五原。

浞野侯赵破奴自匈奴亡归。

是岁，济南太守王卿为御史大夫。

同一年里，不重要的事情可以一语带过，如天降白毛、夏季旱情、征发罪犯屯戍五原郡、济南太守王卿调任御史大夫。除此之外，还有一件跟前文相关的事：先前被匈奴俘虏的汉将赵破奴从匈奴那里逃回来了。所谓塞翁失马，焉知非福，通过后面的内容我们将会看到，赵破奴的归来未必是好事，苏武被扣押也未必就是坏事。

李陵投降匈奴

原文：

（二年）

春，上行幸东海。还幸回中。

夏，五月，遣贰师将军广利以三万骑出酒泉，击右贤王于天山，得胡首虏万余级而还。匈奴大围贰师将军，汉军乏食数日，死伤者多。假司马陇西赵充国与壮士百余人溃围陷陈，贰师引兵随之，遂得解。汉兵物故什六七，充国身被二十余创。贰师奏状，诏征充国诣行在所，帝亲见，视其创，嗟叹之，拜为中郎。汉复使因杅将军敖出西河，强弩都尉路博德会涿涂山，无所得。

天汉二年（前99年），年初武帝照例巡游。到了夏季,天可怜见,他竟然真的开始北伐匈奴了。这次北伐依旧由李广利带队,率领三万骑兵北出酒泉。李广利起初打得非常顺利,斩杀和俘虏了万余匈奴人,取得辉煌战绩。然而,接下来的情况却不容乐观:匈奴援兵抵达,将李广利的军队团团包围。正在李广利无计可施之际,下级军官赵充国带着一支只有一百多人的敢死队动摇了匈奴的阵脚,使主力部队得以顺利突围。

这是名将赵充国在历史上的第一次亮相。

武帝心心念念要制服匈奴,又派出公孙敖和路博德两路大军分进合击,但并未取得任何成果。

原文:

初,李广有孙陵,为侍中,善骑射,爱人下士。帝以为有广之风,拜骑都尉,使将丹阳、楚人五千人,教射酒泉、张掖以备胡。及贰师击匈奴,上召陵,欲使为贰师将辎重。陵叩头自请曰:"臣所将屯边者,皆荆楚勇士奇材剑客也,力扼虎,射命中,愿得自当一队,到兰于山南以分单于兵,毋令专向贰师军。"上曰:"将恶相属邪!吾发军多,无骑予女。"陵对:"无所事骑,臣愿以少击众,步兵五千人涉单于庭。"上壮而许之,因诏路博德将兵半道迎陵军。博德亦羞为陵后距,奏言:"方秋,匈奴马肥,未可与战，愿留陵至春俱出。"上怒，疑陵悔不欲出而教博德上书，乃诏博德引兵击匈奴于西河。

正是在这个时候，李广的孙儿李陵毅然请缨，表示自己不需要战马和大军，只用五千步兵就可以踏平匈奴王庭。

从武帝的角度看，他当然希望所有的军人乃至普通百姓都能有这样的勇气和觉悟。然而，如果批准了李陵的军事计划，就意味着像路博德这样的高级军官都要降格以求，跟李陵打配合，这种伤自尊的事情谁会愿意呢？

原文：

诏陵以九月发，出遮虏障，至东浚稽山南龙勒水上，徘徊观虏，即无所见，还，抵受降城休士。陵于是将其步卒五千人，出居延，北行三十日，至浚稽山止营，举图所过山川地形，使麾下骑陈步乐还以闻。步乐召见，道陵将率得士死力，上甚悦，拜步乐为郎。

陵至浚稽山，与单于相值，骑可三万围陵军，军居两山间，以大车为营。陵引士出营外为陈，前行持戟、盾，后行持弓、弩。虏见汉军少，直前就营。陵搏战攻之，千弩俱发，应弦而倒，虏还走上山，汉军追击杀数千人。单于大惊，召左、右地兵八万余骑攻陵。陵且战且引南行，数日，抵山谷中，连战，士卒中矢伤，三创者载辇，两创者将车，一创者持兵战，复斩首三千余级。引兵东南，循故龙城道行，四五日，抵大泽葭苇中，虏从上风纵火，陵亦令军中纵火以自救。南行至山下，单于在南山上，使其子将骑击陵。陵军步斗树木间，复杀数千人，因发连弩射单于，单于下走。是日捕得虏，言"单于曰：'此汉精兵，击之不能下，日夜引吾南近塞，得无有伏兵乎？'诸当户君长皆言：'单于自将数万骑击汉数千人不能灭，后无以复使边臣，令汉益轻匈奴。复力战山谷间，尚四五十里，得平地，不能破，乃还。'"

是时陵军益急，匈奴骑多，战一日数十合，复伤杀虏二千余人。虏不利，欲去，会陵军候管敢为校尉所辱，亡降匈奴，具言："陵军无后救，射矢且尽，独将军麾下及校尉成安侯韩延年各八百人为前行，以黄与白为帜。当使精骑射之即破矣。"单于得敢大喜，使骑并攻汉军，疾呼曰："李陵、韩延年趣降！"遂遮道急攻陵。陵居谷中，虏在山上，四面射，矢如雨下。汉军南行，未至鞮汗山，一日五十万矢皆尽，即弃车去。士尚三千余人，徒斩车辐而持之，军吏持尺刀入狭谷，单于遮其后，乘隅下垒石，士卒多死，不得行。昏后，陵便衣独步出营，止左右："毋随我，丈夫一取单于耳！"良久，陵还，太息曰："兵败，死矣！"

于是尽斩旌旗,及珍宝埋地中,陵叹曰:"复得数十矢,足以脱矣。今无兵复战,天明,坐受缚矣,各鸟兽散,犹有得脱归报天子者。"令军士人持二升糒,一片冰,期至遮虏障者相待。夜半时,击鼓起士,鼓不鸣。陵与韩延年俱上马,壮士从者十余人,虏骑数千追之。韩延年战死。陵曰:"无面目报陛下!"遂降。军人分散,脱至塞者四百余人。

就这样,李陵的出征从一开始就笼罩在阴霾之中。根据《史记》的记载,李陵孤军深入,与占据压倒性优势的匈奴骑兵互有胜负,只要稍稍坚持一下,再有百余里就可以退归边塞了,但因为寡不敌众,加之突围不力,最终还是失利了。李陵投降匈奴,随行的部队只有四百多人逃回了汉帝国境内。

对于武帝来说,李陵只要战斗到流完最后一滴血就好,胜负不重要。他唯独不能原谅的是,李陵竟然选择了投降匈奴。

司马迁受刑

原文:

陵败处去塞百余里,边塞以闻。上欲陵死战;后闻陵降,上怒甚,责问陈步乐,步乐自杀。群臣皆罪陵,上以问太史令司马迁，迁盛言：“陵事亲孝，与士信，常奋不顾身以徇国家之急，其素所畜积也，有国士之风。今举事一不幸，全躯保妻子之臣随而媒蘖其短，诚可痛也！且陵提步卒不满五千，深践戎马之地，抑数万之师，虏救死扶伤不暇，悉举引弓之民共攻围之，转斗千里，矢尽道穷，士张空拳，冒白刃，北首争死敌，得人之死力，虽古名将不过也。身虽陷败，然其所摧败亦足暴于天下。彼之不死，宜欲得当以报汉也。”上以迁为诬罔，欲沮贰师，为陵游说，下迁腐刑。

李陵的投降致使朝堂之上群情激奋。令人意外的是，司马迁挺身而出为李陵辩护。他说，李陵素来有国士之风，这次以五千人对抗匈奴数万强敌，把匈奴打到"救死扶伤不暇"，即来不及救援战友、照顾伤员，必须倾尽全力围攻。这也是成语"救死扶伤"的来源。李陵以孤军在匈奴境内转战千里，处于绝境时依然能让部下效死力，这正是古代名将该有的风范。他还补充道，李陵之所以投降，一定是别有所图，保全可用之躯，等待恰当的时机。

司马迁重点陈述了李陵的战绩，但问题在于，即便他所言属实，在武帝看来也是错的——李陵的投降让汉帝国颜面尽失，这是武帝最在意的；至于李陵将来是否会看准时机刺杀单于，他并不在意。

在这个问题上，后人即便再怎么同情司马迁，也不得不承认，司马迁为李陵的投降辩护，实在是自取其祸。武帝不由分说，直接将司马迁下狱，后来司马迁遭受腐刑，就是因为这件事情。

心态变化

李陵在匈奴那里度过了后半生，并与苏武有过交往。双方的往来书信和诗歌唱和被认为是文学史上的典范，尤其是他们写的诗，被历朝历代奉为五言诗的始祖——虽然这些作品真伪难辨，多半出自好事者的假托。

杜甫有诗说"李陵苏武是吾师"（《解闷十二首·其五》其五），一点都没有忌讳。唐代诗僧皎然夸赞李陵、苏武不但创造了五言诗，而且"天与其性，发言自高"，因为天资太高，所以作品极好。（[清]浦起龙《读杜心解·卷六》）杜甫和皎然的看法在唐朝人里很有代表性，他们并没有因为李陵投降就连人带作品一道嗤之以鼻。然而，到了宋末元初，"亡天下"的危机来了，投降派一个比一个跪得利落，人们再看李陵的时候，心态便大不一样。

著名的大宋遗民郑思肖有诗说:"醉后爱歌诸葛表,生来耻读李陵诗。(《雁足》)"这里的"诸葛表"是指诸葛亮的《出师表》,用"诸葛表"反衬"李陵诗",显得李陵人品卑劣,连诗都丧失了美感。

郑思肖还有更具挖苦色彩的诗:"汉室公卿周勃少,河梁朋友李陵多。(《十四砺二首·其二》)"前一句提到的典故"周勃安刘"我们已经很熟悉了,在诗人眼里,能够像周勃一样拨乱反正的高官已经不多了,反倒是敌人的阵营里充斥着变了节的故交,他们觍着脸像当年李陵劝说苏武一样劝自己加入,真是令人痛心。

当然,努力拨乱反正的高官也是有的,最著名的就是文天祥,而他更有资格骂李陵:"李陵罪在偷生日,苏武功成未死时。(《题苏武忠节图·其三》)"无论李陵投降是不是为了留着有用之躯等机会立功,反正就是不对。

盘点武帝天汉二年的汉匈之战:李广利以三万骑兵出酒泉,先胜后败,军队折损大约三分之二;公孙敖与路博德分进合击,结果无功而返;李陵以五千人深入匈奴腹地,杀伤万余人,但最后本人投降,军队几乎全军覆没,只逃回来四百人。汉与匈奴的力量对比悄然发生变化:一方面,匈奴逐渐恢复了生机;另一方面，汉帝国有点盛极而衰，打不动了。

从此以后，汉帝国担纲战匈奴的人物就是贰师将军李广利，而李广利的时代再也不复卫青、霍去病时代的雄风，汉军开始败多胜少。

那么，武帝有没有反省自己的失策呢？

178

武帝是怎么对付遍地盗贼的

犒劳旧部

这一讲我们继续留在武帝天汉二年（前99年），先来看看李陵战败后的余波。

原文：

久之，上悔陵无救，曰："陵当发出塞，乃诏强弩都尉令迎军。坐预诏之，得令老将生奸诈。"乃遣使劳赐陵余军得脱者。

武帝毕竟是一代雄主，在愤怒情绪退散后，终于认识到李陵的失败不能全怪李陵，自己也要负一部分责任——应该等李陵出塞后再调路博德去接应，由于自己过早给路博德下指令，这才使得路博德这只老狐狸动了歪心眼儿。

武帝想通这一点后，立即派人去犒劳李陵麾下那些逃回来的部下，不因为主将的投降和军队的战败而为难他们。

武帝想通的这个问题，也是大机构管理者经常会遇到的：有新人迫切想带队打硬仗、立奇功，而资历深、级别高的老干部不愿意给新人打下手。武帝一开始的调兵遣将，相当于让新人李陵挑重担的同时，让成名老将路博德给他打下手。要知道，路博德早年追随霍去病北伐匈奴，以军功封侯，后来和杨仆一道南征南越，经历了真正意义上的南征北战。以他的资历和威望，不愿意给李陵打下手是人之常情，因此也不怪他会有情绪，导致李陵没有后援，在距离边塞仅仅一百里的地方被匈奴重兵击溃。

天汉二年这场汉匈战争所反映的另一个问题是，武帝多年苦心经营，如今连西域都成了汉帝国的势力范围，怎么反而拿不下匈奴了呢？

答案是：这些年国力透支太严重了。国力透支就好比今天普通人刷信用卡，用来应急当然没问题，但如果成了常态，最后某些人就会以卡养卡，终有一天会崩掉。

酷吏遍地

原文：

> 上以法制御下，好尊用酷吏，而郡、国二千石为治者大抵多酷暴，吏民益轻犯法。东方盗贼滋起，大群至数千人，攻城邑，取库兵，释死罪，缚辱郡太守、都尉，杀二千石，小群以百数掠卤乡里者，不可胜数，道路不通。

《资治通鉴》终于开始交代汉帝国的国内局势了：酷吏遍天下，导致违法犯罪的人越来越多。关中地区倒还好，关东地区就不行了，盗贼蜂起。大规模的盗贼团伙人数多达几千人。他们攻打城市，抢夺武器库来武装自己，释放监狱里的死囚，捕杀各地高官。小规模的盗贼团伙也有几百人之多，到处拦路抢劫，打家劫舍。

田余庆先生将这一局面称为"天汉暴动"。探究原因，《史记》归咎于酷吏政治，《汉书》归咎于连年大规模对外用兵。（田余庆《秦汉魏晋史探微》）但这也许并不是天汉二年才出现的新情况，史料当中给出的时间线索并不明朗。

无论如何，这种局面一旦收拾不住，或许就会重蹈秦帝国的覆辙，应了贾谊在《过秦论》里的名言："天下云集响应，赢粮而景（影）从。"如果武帝有机会向贾谊请教对策,那么他一定会说:"轻赋少事,以佐百姓之急;约法省刑,以持其后,使天下之人皆得自新……"(《过秦论》)总之,不外乎轻徭薄赋、与民休息那一套。

但武帝显然不是这种风格,他对内对外一贯强硬,不管是万里之外的异邦蛮夷,还是本国境内的不法刁民,一概严厉对待,绝不纵容。

这种态度倒也不难理解,毕竟这些年来武帝对外开疆拓土,越打越顺,对内兴大狱,杀人如同砍瓜切菜,久而久之,自然形成了对强硬手段的路径依赖。

只是,既然已经酷吏遍天下,一个赛着一个狠,武帝的手段还能怎么更强硬呢?

绣衣直指

原文:

上始使御史中丞、丞相长史督之,弗能禁;乃使光禄大夫范昆及故九卿张德等衣绣衣,持节、虎符,发兵以兴击。斩首大郡或至万余级,及以法诛通行、饮食当连坐者,诸郡甚者数千人。数岁,乃颇得其渠率,散卒失亡复聚党阻山川者往往而群居,无可奈何。

武帝一开始确实被这个问题难住了，但很快就有了解决之道：特事特办，派出一批特派员，手持使节，同时带上虎符，随时可以征调军队剿灭盗匪。

这批特派员身穿绣衣，以此凸显他们的尊贵身份。根据《汉书》的记载，这些人的正式职务是绣衣直指御史，也可以简称为绣衣直指、绣衣御史、直指使者，这不是常设官职，而是临时性的职务。（《汉书·百官公卿表上》）他们的权力很大，不但可以在郡国调兵，还有专杀之权，不用请示就可以把二千石以下的官员直接处决。（《汉书·公孙刘田王杨蔡陈郑传》）

果然，绣衣直指所到之处杀人如麻，在大郡可以斩首一万多级。至于那些和盗贼有来往的，给盗贼提供饮食的，通通抓来连坐。就这么搞了好几年，盗贼首领确实抓到了不少，但逃散的盗贼部众总能重新集结，占山落草，盘踞在险要的地理位置，让官府无可奈何。

新法颁布

原文：

于是作《沈命法》，曰："群盗起，不发觉，发觉而捕弗满品者，二千石以下至小吏，主者皆死。"其后小吏畏诛，虽有盗不敢发，恐不能得，坐课累府，府亦使其不言。故盗贼浸多，上下相为匿，以文辞避法焉。

事情发展到这一步，连绣衣直指也无能为力了。这就像我们在《水浒传》里看到的大宋官军怎么也打不进水泊梁山，在《隋唐演义》里看到的大隋官军怎么都踏不平瓦岗寨。

当然，别人可以没办法，但武帝一定有办法——著名的《沉命法》[1]就这样应运而生了。

该怎么理解"沉命"这两个字，学者们各执一词，我们倒也不必深究。一言以蔽之，《沉命法》中的考核指标极高，任何地方如果有了盗贼而当地官员没有察觉，或者虽然察觉了但捕获的人数不够，那么自二千石以下直至低级官员，所有相关人员通通处死。

《沉命法》一颁布，盗贼果然在短时间里销声匿迹了。但问题是，所谓销声匿迹，只是武帝接不到报告而已。我们可以推测，武帝的初衷肯定是想拿严刑峻法逼迫各级官员为自己卖命，但事与愿违，低级官员发现了盗贼却不敢上报，就怕上报后不能如数捕获，

---

[1] "沉命法"在中华书局版《资治通鉴》原文中写作"沈命法"，"沈"通"沉"，下文统一用"沉命法"。

不但自己会死，还会连累上级领导。至于上级领导，非但不追究下级官员的失职，反而要求他们不上报。既然没有了关于盗贼行踪的报告，自然也就没理由调兵征缴了。这样一来，盗贼反倒越来越多。

看来，假如没有《沉命法》，局面反而不至于这么糟糕。

暴胜之和王贺

原文：

是时，暴胜之为直指使者，所诛杀二千石以下尤多，威震州郡。至勃海，闻郡人隽不疑贤，请与相见。不疑容貌尊严，衣冠甚伟，胜之履起迎，登堂坐定，不疑据地曰："窃伏海濒，闻暴公子旧矣，今乃承颜接辞。凡为吏，太刚则折，太柔则废。威行，施之以恩，然后树功扬名，永终天禄。"胜之深纳其戒。及还，表荐不疑，上召拜不疑为青州刺史。

在一片肃杀的气氛里，《资治通鉴》挑选了两名绣衣直指御史，把聚光灯打在他们身上。

第一位是模范御史暴胜之。这个人物威震州郡，不少二千石高官都死在了他手上。暴胜之在渤海郡时，听说本地有一位贤人名叫隽不疑，很热情地请他来相见。隽不疑给了暴胜之几句忠告：做官的人，过分刚强就容易折断，过分柔和就做不成事，所以需要刚柔相济，立威之后再施行恩德，这样才容易在建功立业的同时避害全身。

暴胜之对此深以为然。毕竟酷吏政治搞了那么多年，眼见得一个个能干的酷吏跻身二千石，甚至位列三公，但哪一位有好下场呢？暴胜之表现越是抢眼，不安的感觉应该也就越重。所以，隽不疑那一番话正好说到了他的心里。

我们当然不能说隽不疑的话是错的，但是，很可能正是因为暴胜之真心听了劝，改了行事风格，反而给自己招致了杀身之祸。这是后话。

原文：

济南王贺亦为绣衣御史，逐捕魏郡群盗，多所纵舍，以奉使不称免，叹曰："吾闻活千人，子孙有封，吾所活者万余人，后世其兴乎！"

再看另一位绣衣直指御史，名叫王贺。他倒是很有宽柔之风，救活了很多人，却因为被认为工作不力而被免职。王贺叹着气说："我听说救活千人的人，子孙会受分封，我救活的足有万余人，我们王家将来一定兴旺发达。"

《资治通鉴》将王贺的事迹讲到这里就戛然而止了。胡三省加了一句注释，说这段内容是"为王氏子孙以外戚篡汉张本"。我们在这里简单交代几句后话：王贺之子王禁后来真的封侯了，王禁的女儿就是西汉后期那位著名的皇太后王政君，正是在她的扶植之下，其侄王莽一步步登上权力巅峰，最后篡夺了汉家江山。这位王莽，沿着血缘往上追溯三代，就可以追到王贺身上。

攻打车师

原文：

是岁，以匈奴降者介和王成娩为开陵侯，将楼兰国兵击车师。匈奴遣右贤王将数万骑救之，汉兵不利，引去。

两位绣衣直指御史的事迹之后，就是本年度最后一桩大事了：封匈奴降王成娩为开陵侯，让他统率楼兰军队攻打车师国。匈奴以数万人救援车师，成娩作战不利，退兵。

这位成娩虽然是匈奴投降过来的，但并不是心怀故国，出工不出力。几年之后，成娩还率六国联军再伐车师，把车师打服。这里稍微解释一下：车师和楼兰是西域东端的两个小国，无论汉帝国还是匈奴，如果出西域的话，这两个小国都是交通要冲。所以，汉匈双方对楼兰、车师都很重视，反复争夺。这一次虽然是汉军败了，但日子还长。

天汉二年的大事件到此告一段落，《资治通鉴》第二十一卷的内容同样也结束了。

汉纪十四

公元前98年至公元前87年

世宗孝武皇帝下之下

汉武帝天汉三年至四年

---179---

武帝为什么要再次北伐匈奴

这一讲我们进入《资治通鉴》第二十二卷,也是武帝时代的最后一卷,一共十二年的历史。

准绳

原文:

起昭阳协洽,尽阏逢敦牂,凡十二年。

(天汉三年)

春,二月,王卿有罪自杀,以执金吾杜周为御史大夫。

天汉三年(前98年)春二月,御史大夫王卿有罪自杀，由杜周继任。

王卿从济南太守升任御史大夫，仅仅是两年前的事情。这一时期，官场已经是个高危地带。高官动辄得咎，究竟犯了什么罪已不重要。王卿即使逃过了今年这一劫，也未必能躲过明年的劫难。更何况，如果有一天他不小心顺位继任了丞相的职务，危险系数就更高了。

接替王卿的这位杜周来头不小，是这些年兴大狱、整高官、制造灭门惨案的核心操盘手。《史记》记载，杜周情商很高，总能敏锐捕捉到武帝的小心思。武帝想整治的人，他就严惩不贷；武帝想宽恕的人，他就一直关押着，然后在不动声色间显露犯人的冤情。

有人看不惯，质问杜周："做法官的就应该以法律为准绳，哪能以皇帝的意图为准绳呢？"

杜周的回答掷地有声："法律是从哪儿来的？还不是根据皇帝的意志编写出来的吗？前代皇帝所认可的规则是为律，当代皇帝所认可的规则是为令。按照当下皇帝的意图做事没什么问题，何必守着古代的法律条文不放呢？"（《史记·酷吏列传》）

虽然杜周这番话听上去很刺耳，但不得不承认，在集权体制下，法律所遵循的确实是这个逻辑。如果皇帝性格温和，愿意让法律自行运转，那么法官以法律为准绳当然没问题。但如果皇帝性格强硬，事事都要自己拿主意，那么以法律为准绳反倒成了不肯配合皇帝。换句话说，要是杜周认真听取了他人的意见，那么他在法官的任上就做不久了。

执金吾

我们还要留意一处细节：杜周在做御史大夫之前的职位是执金吾。

这并不是什么新奇的官职，而是从中尉改名而来。执金吾，顾名思义，官员应该手执一种叫作"金吾"的东西。至于"金吾"是什么，说法有很多。按照应劭的注释，"吾"就是"御"，"执金吾"就是手执武器采取防御姿态。而按照颜师古的注释，"金吾"是一种鸟的名字，这种鸟有辟邪的能力，当皇帝出行时，执金吾会在仪仗前手执金吾鸟的雕像作为前导。

不同的理解导致读音也不同，有读作执金吾（wú）的，也有读作执金吾（yù）的，孰是孰非，至今没有定论。但我们读古代诗歌时，从格律和韵脚判断，wú这个读音是绝对的主流。

执金吾之所以出名，是因为东汉开国皇帝刘秀在发迹之前从家乡来到长安，看到执金吾盛大的仪仗队，被执金吾大人的气场深深震撼，留下了一句关于男子汉立志的千古名言："仕宦当作执金吾，娶妻当得阴丽华。（《后汉书·皇后纪上》）"

那么，武帝为什么要把中尉改名为执金吾呢？答案要在《汉书》里找：这既不是武帝突发奇想，也不是依据改正朔、易服色的玄奥理论，而是进一步打压诸侯王权力的结果。

这一次更改官名，不仅将中尉改为执金吾，还把内史改为京兆尹、郎中令改为光禄勋。但是——重点来了，"故王国如故"，也就是说，改名的只是中央官，而在各诸侯国的职官体系里，中尉和郎中令等职位维持原名不变。而且，诸侯国郎中令的级别降低到千石，太仆也同样降级，官名被去掉了"太"字，只叫"仆"，与中央职官体系里的"太仆"形成区分。（《汉书·百官公卿表上》）归根结底，这只是继续强化中央集权的一个措施罢了。

垄断卖酒

原文：

初榷酒酤。

三月，上行幸泰山，修封，祀明堂，因受计。还，祠常山，瘗玄玉。方士之候祠神人、入海求蓬莱者终无有验，而公孙卿犹以大人迹为解，天子益怠厌方士之怪迂语矣；然犹羁縻不绝，冀遇其真。自此之后，方士言神祠者弥众，然其效可睹矣。

接下来我们看看本年度的第二件大事，只有四个字：初榷酒酤。

"榷"的本义是独木桥，我们可以把政府搞的"榷"形象地理解成政府在平地上架设了一座独木桥，从此垄断市场。垄断有强、弱两种形式：强垄断是只许官营，不许民营；弱垄断是人为抬高民营门槛，征收专项税。天汉三年的这次初榷酒酤是强垄断，开官营垄断卖酒之先河，民间不准卖酒了。

搞初榷酒酤的原因不难理解：朝廷缺钱了。且不说对外征伐花费巨大，就在当年三月，武帝又到泰山和海滨巡游，一边搞祭祀，一边找神仙，这些活动也耗费了大量财力。

先前推行均输、平准，盐铁专卖，到底还是不够用，酒类也必须纳入专卖体系。下一年我们还会看到朝廷推出死刑犯交钱免死的政策。

总之，朝廷必须想方设法开辟新的财源。

原文：

夏，四月，大旱。赦天下。

天不作美，夏四月有严重的旱情，朝廷因此发布赦令。

我们算算时间就会发现，"干封三年"早该结束了。面对新一轮旱灾，不知道公孙卿那伙人又能找出什么样的说辞来解释。

武帝被折腾了这么久，对求仙事业多少有了倦怠和怀疑。但此时的他应该已经被沉没成本绑架了——既然已经投入了这么多，就应该再坚持一下，行百里者半九十，千万不要功亏一篑。

原文：

秋，匈奴入雁门。太守坐畏愞弃市。

当年秋天，匈奴攻入雁门郡。雁门太守被控畏敌怯战，斩首示众。

边郡太守属于高危职务，随时都要准备好应对匈奴的入侵。仗没打好，要么死在匈奴手里，要么死在皇帝手里。这时候又赶上"天汉暴动"，一不小心还会死在暴乱分子手里。而就算镇压了暴乱，只要镇压得不够彻底，有任何一丝纰漏，还会死在绣衣直指御史手里。

北伐匈奴

原文：

（四年）

春，正月，朝诸侯王于甘泉宫。

发天下七科谪及勇敢士，遣贰师将军李广利将骑六万、步兵七万出朔方；强弩都尉路博德将万余人与贰师会；游击将军韩说将步兵三万人出五原；因杆将军公孙敖将骑万、步兵三万人出雁门。

转过年来，到了天汉四年（前97年）。春正月，朝廷征发天下七科谪和自愿上战场杀敌立功的勇士，以李广利为首，路博德、韩说（yuè）、公孙敖打配合，总兵力超过二十万，浩浩荡荡北伐匈奴。在这四位将军中，公孙敖还背负着一个副线任务，那就是深入匈奴腹地，把李陵接回来。

从这条记载来看，武帝因为想通了李陵之败要怪自己调度失当，终于原谅了李陵的投降。

但这个时候，司马迁应该已经遭受腐刑，从此怀着巨大的屈辱感和使命感，全心全意地写作《史记》。

那么，司马迁假如沉住了气，等汉武帝原谅李陵后再站出来为他辩护，是不是可以逃过一劫呢？

答案是：并不可以，他的结局只会更糟。原因我们很快就会看到。

无功而返

原文：

匈奴闻之，悉远其累重于余吾水北；而单于以兵十万待水南，与贰师接战。贰师解而引归，与单于连斗十余日。游击无所得。因杅与左贤王战，不利，引归。

匈奴严阵以待，在余吾水（今天蒙古国境内鄂尔浑河的南岸）与李广利军团正面交锋。李广利退兵，归途中又和匈奴缠斗了十多天。韩说军团一无所获。公孙敖军团和左贤王对战，作战不利，撤退归国。

《史记》记载，李广利在这场战争中投降匈奴，但司马光在《通鉴考异》中提出考据性意见，认为《史记》搞错了时间线。（《通鉴考异·卷一·汉纪上》）

这确实是《史记》的错，只是错得很蹊跷。因为天汉四年的北伐匈奴是司马迁在遭受腐刑前后亲身经历的国家大事,他不可能记错。那么问题到底出在哪儿呢?

清朝史学家赵翼给出过一个推测:司马迁写的列传,时间大概截止在李广利战败的那一年,而关于李广利投降的那些事情是褚少孙补写的。褚少孙是几十年后的人,写作中出现年代错误就不足为奇了。([清]赵翼著,王树民校正《廿二史劄记校证·卷一》)

原文:

时上遣教深入匈奴迎李陵,教军无功还,因曰:"捕得生口,言李陵教单于为兵以备汉军,故臣无所得。"上于是族陵家。既而闻之,乃汉将降匈奴者李绪,非陵也。

再看北伐诸军,不但主线任务失败,副线任务也没完成。公孙敖向武帝汇报,说从匈奴俘虏口中得知,李陵一直在为单于练兵,所以自己这次出征才没能取得战果。

这样的汇报同时解释了主线任务和副线任务失败的原因,非常巧妙。总之,一切都怪李陵,自己没有任何责任。我们不知道公孙敖到底是误信了俘虏的口供,还是纯属编造谎言以推卸责任,但不管他说什么,武帝也不可能去找李陵对质。

武帝有没有饶过公孙敖，后文再说，但他显然相信了公孙敖关于李陵的说法，在盛怒之下杀了李陵全家。后来武帝才得知，为匈奴练兵的汉将是李绪，而不是李陵。

那么，这位李绪究竟是何许人也？至于李陵，他投降匈奴也有一段时间了，真的没有为匈奴效力吗？他对汉帝国是否心存愧疚呢？

汉武帝天汉四年至太始三年

180
李陵为什么不肯回归汉朝

这一讲我们继续来看武帝天汉四年（前97年）发生的事件。

上一讲谈到，武帝从公孙敖口中得知，李陵一直在为单于练兵，于是在盛怒之下杀了李陵全家。参照《史记》和《汉书》的记载，后来李陵愤愤然质问到访匈奴的汉使，说他当年作为汉军主将，统率五千步兵横行匈奴，只因为没有援兵才终告失败，哪一点辜负朝廷了，至于杀他全家吗？

使者向李陵道出原委，朝廷是因为听说李陵为单于练兵，所以才杀他全家的。

但这竟然是一场乌龙。李陵对使者说："为单于练兵的汉将是李绪，不是我。"

李绪原本是汉帝国的一名塞外都尉，有一次驻地遭到匈奴进攻，所以投降了。匈奴待李绪很好，对他的尊崇也要超过李陵。(《汉书·李广苏建传》)

这些年来，不仅是汉帝国给匈奴降人各种厚待，又是封侯，又是封官，又是以高度的信任让他们替汉帝国作战，匈奴这边也在使用同样的手段。久而久之，双方都能做到知己知彼，汉帝国师夷长技以制夷，匈奴则师汉长技以制汉。

义不再辱

原文：

陵使人刺杀绪。大阏氏欲杀陵，单于匿之北方；大阏氏死，乃还。单于以女妻陵，立为右校王，与卫律皆贵用事。卫律常在单于左右；陵居外，有大事乃入议。

一方面，李陵将灭门惨剧归咎于李绪，派人刺杀了他。另一方面，单于的母亲也想杀李陵，单于赶紧将李陵藏到了北方，等母亲去世后才让李陵回来。

单于非常器重李陵，不但把女儿嫁给了他，还封他为右校王。

当时单于有两大亲信，一个是李陵，另一个是卫律，都是从汉帝国投降来的。卫律虽然生在汉境，长在汉境，但有匈奴血统。卫律居内，一直留在单于身边；李陵则居外，有大事的时候才会回来参与决策。

关于李陵投降匈奴后的事迹，《史记》和《汉书》存在不少矛盾，但《汉书》的记载比《史记》更翔实，司马光基本采纳了《汉书》的说法。[1]这里我们简单交代几句后话：虽然误解冰释，但毕竟武帝杀了李陵全家，血海深仇无从化解。李陵从此改换匈奴人的装束，和匈奴妻子开始了新生活。当时的汉人精英还没有形成以不叛国为底线的价值观，对李陵的遭遇饱含同情。在武帝驾崩后，很多人希望李陵可以归国。李陵不可能不动心，但终究留下了一句很硬气的话："丈夫不能再辱。"他担心归国后祸福难料，为避免再受羞辱，不愿冒任何风险。而这句话也成了一个文化语码。王国维遗书中的"五十之年，只欠一死，世变至此，义不再辱"，语源正是李陵的这句话。

---

[1] ［清］王先谦《汉书补注·李广苏律传》："先谦曰：'陵入匈奴后事，《汉书》较详审，当以《汉书》为正。'"

原文：

夏，四月，立皇子髆为昌邑王。

本年度的最后一桩大事，就是在夏四月立皇子刘髆（bó）为昌邑王。

刘髆的生母是李夫人，也就是李延年和李广利的妹妹。李夫人过世得早，在她过世之后，李延年失去了武帝的欢心，被抓了个罪名杀了。

这下子，李广利能够依靠的就只有刘髆这个外甥了。

公孙敖腰斩

原文：

（太始元年）

春，正月，公孙敖坐妻为巫蛊要斩。

徙郡国豪桀于茂陵。

天汉四年的大事件就此结束，我们进入太始元年（前96年）。春正月，公孙敖的妻子被控施行巫蛊，公孙敖因此连坐，被腰斩。

关于这件事的史料记载既不详细，又有冲突。我们大体上可以梳理出这样一条线索：虽然公孙敖把李陵推出来当挡箭牌，但他在余吾水战役折损太大，所以还是没有被武帝饶过，被治了死罪。而这个公孙敖不愧是四度为将、久历浮沉的老江湖，竟然装死逃过一劫，在民间好生生活了五六年。当然，最终他还是被人察觉，逮捕归案。到了太始元年，公孙敖的妻子涉嫌巫蛊大案，招致灭门惨祸。(《史记·卫将军骠骑列传》《汉书·武帝纪》《汉书·卫将军骠骑列传》) 也就是说，要等到几年之后的巫蛊之祸，公孙敖才终于走到了人生终局。

同年，武帝迁徙郡国豪杰到茂陵，进一步削弱关东以充实关中。不过，这一时期关东地区的豪杰、富户数量肯定大不如前了。

继承问题

原文：

夏，六月，赦天下。

是岁，匈奴且鞮侯单于死。有两子，长为左贤王，次为左大将。左贤王未至，贵人以为有病，更立左大将为单于。左贤王闻之，不敢进。左大将使人召左贤王而让位焉。左贤王辞以病，左大将不听，谓曰："即不幸死，传之于我。"左贤王许之,遂立,为狐鹿姑单于。以左大将为左贤王。数年,病死;其子先贤掸不得代,更以为日逐王。单于自以其子为左贤王。

⑧

夏六月,大赦天下。

一年无事,匈奴那边却出现了一个微妙的局面:且鞮侯单于过世,继承人问题立即提上日程。

且鞮侯单于有两个儿子,长子担任左贤王,次子担任左大将。按照匈奴的传统,左贤王相当于王储,是单于职位的第一顺序继承人。但在且鞮侯单于过世时,左贤王没能及时赶到,匈奴贵族们以为他生了病,改立左大将为单于。

左贤王在半路上听说了这个消息,不敢再往前走了。左大将却是个厚道人,主动让位。两兄弟谦让了一番,最后左大将说:"要不等你死了再把位置传给我好了。"事情就这么定了,左贤王继任单于,也就是狐鹿姑单于,他的弟弟成了新的左贤王。

我们来看匈奴,从头曼单于到狐鹿姑单于,这十代单于中,父死子继是常态,兄终弟及才是特例。后者之所以不能演变为制度,除了人性使然,还因为它存在一个严峻的系统性风险——当最后一个弟弟过世之后,该由谁来继承呢?兄终弟及的系统性风险,一直延续到了司马光生活的宋代——宋太宗赵光义继承宋太祖赵匡胤，但赵光义安排自己的继承人，当然要选自己的儿子，而不是哥哥的儿子。所以，北宋的历代皇帝就面临了一个很不方便讲出口的权力合法性问题。后来靖康之耻，宋室南渡，社会上就出现了一种传言，说这是宋太祖报仇来了。宋高宗刚好丧失了生育能力，在从宗室子弟当中挑选继承人时，便刻意挑选了太祖的血脉，以此来安定人心。

当我们理解了兄终弟及的系统性风险，再看狐鹿姑单于的继位，就会发现这一安排显然埋下了隐患。

不过，这一次的情况有点不一样：几年之后，哥哥还活蹦乱跳地活着，弟弟却先去世了。于是，狐鹿姑单于把亲生儿子任命为左贤王，让弟弟的儿子做了日逐王。

站在日逐王的角度，他大概会觉得很失落吧，自己曾经与单于大位只有两步之遥——如果父亲当上了单于，那么自己就是父亲的第一顺序继承人。不仅日逐王本人会这么想，有不少匈奴人也是这么想的。所以在若干年后，日逐王带着自己的几万部众投奔了汉帝国，摇身一变成为汉帝国的归德侯。这是后话。（《汉书·匈奴传上》）

白渠之利

原文：

（二年）

春，正月，上行幸回中。

杜周卒，光禄大夫暴胜之为御史大夫。

秋，旱。

赵中大夫白公奏穿渠引泾水，首起谷口，尾入栎阳，注渭中，袤二百里，溉田四千五百余顷，因名曰白渠。民得其饶。

武帝太始二年（前95年），武帝短途出巡。御史大夫杜周过世，暴胜之继任。到了秋天，又发生了旱灾。但这一年，朝廷终于不再只靠祭祀来应对旱灾了——赵国中大夫白公向朝廷建议，在关中地区兴修水利，将泾水引入渭水，灌溉了四千五百多顷农田。这条运河名为白渠，极大地造福了当地百姓。

班固在《西都赋》中说的"郑白之沃，衣食之源"，指的就是郑国渠和白渠的经济效益。

关中地区原有秦国时期修建的郑国渠，但时过境迁，郑国渠的灌溉效益已经大不如前，因此需要白渠来与郑国渠打配合，共同发挥作用。（张捷《试论秦汉

财政运作与三门砥柱漕运》)

尧母门

原文：

（三年）

春，正月，上行幸甘泉宫。二月，幸东海，获赤雁。幸琅邪，礼日成山，登之罘，浮大海而还。

是岁，皇子弗陵生。弗陵母曰河间赵婕伃，居钩弋宫，任身十四月而生。上曰："闻昔尧十四月而生，今钩弋亦然。"乃命其所生门曰尧母门。

太始三年（前94年）的头等大事，是赵婕伃经历了十四个月的怀孕期，终于在钩弋宫生下了皇子刘弗陵。

一般人只要想到这个不寻常的怀孕期，再联系到武帝的年纪，难免会怀疑这孩子的真实血统。后来燕王刘旦抢班夺权时，就拿这件事来制造舆论的突破口。

当然，不寻常不等于不存在。孕期长达十四个月在现代医学里称为过期妊娠，对母亲和胎儿都是高风险的，但赵婕伃竟然母婴无恙，也不知道是运气好还是别的什么缘故。

虽然武帝不懂过期妊娠,但他知道一个现代医生不知道的知识:尧圣人的妈妈也是怀孕十四个月才生下了尧。于是,武帝在大喜之下将钩弋宫的宫门命名为尧母门。

"尧母门",简简单单三个字,很快就会酝酿出一场滔天大祸。

汉武帝太始三年至征和元年

181
巫蛊之祸是怎么发端的

原文：

臣光曰：为人君者，动静举措不可不慎，发于中必形于外，天下无不知之。当是时也，皇后、太子皆无恙，而命钩弋之门曰尧母，非名也。是以奸人逆探上意，知其奇爱少子，欲以为嗣，遂有危皇后、太子之心，卒成巫蛊之祸，悲夫！

这一讲我们继续留在武帝太始三年（前94年）。前面提到，赵婕妤经历了十四个月的怀孕期，终于在钩弋宫生下了皇子刘弗陵。武帝非常高兴，把钩弋宫的宫门命名为尧母门，这是因为尧圣人的妈妈也是怀孕十四个月才生下了尧。

司马光知道这件事后,马上给出了一段"臣光曰",批评汉武帝无事生非,公然表达自己对刘弗陵的偏爱,这会引起坏人的贼心,想方设法陷害太子和皇后。其实,这时的武帝未必动了废长立幼、让刘弗陵当太子的念头。他可能只是老来得子,开心得有点失态罢了。但问题是,皇帝的一举一动、一颦一笑,都会被人们反复琢磨,再想方设法投其所好。所以,当"尧母门"三字一出,别说政治投机分子了,就连太子和皇后都会不寒而栗。而他们越害怕,就越是张皇失措。

江充执法

原文:

赵人江充为水衡都尉。初,充为赵敬肃王客,得罪于太子丹,亡逃;诣阙告赵太子阴事,太子坐废。上召充入见。充容貌魁岸,被服轻靡,上奇之;与语政事,大悦,由是有宠,拜为直指绣衣使者,使督察贵戚、近臣逾侈者。充举劾无所避,上以为忠直,所言皆中意。

就在这个时候,一个叫作江充的坏人露头了——他被任命为水衡都尉。

江充原本是赵王刘彭祖的门客，因为得罪了赵王太子，无法在赵国立足，于是来到长安，向朝廷检举赵王太子的隐私，致使其被废黜。

《汉书》记载，这位江充一表人才，衣品特别好。武帝初见他时曾对身边的人感叹道："燕赵固多奇士。"这是原话，意思是，燕赵之地，也就是今天的北京、河北一带，历来出奇人异士，眼前这个江充就是其中之一。（《汉书·蒯伍江息夫传》）

武帝的这句感慨后来成为文化语码，文人社交时如果知道对方来自燕赵之地，就可以借这句话来恭维对方，非常顺手。

话说回来，这位赵人江充不但仪表不俗，而且内外兼修。武帝跟江充聊完国家大事后，对他更满意了，任命他为绣衣直指御史，督查皇亲国戚和皇帝近臣的不法勾当。虽然江充后来制造巫蛊之祸，历史评价非常负面，但如果我们设身处地站在武帝的角度，反倒会觉得：别人不敢检举的问题他敢检举，别人不敢招惹的人他敢招惹，哪里还能找到比他更好的臣子呢？

原文：

尝从上甘泉，逢太子家使乘车马行驰道中，充以属吏。

太子闻之，使人谢充曰："非爱车马，诚不欲令上闻之以教敕亡素者。唯江君宽之！"充不听，遂白奏。上曰："人臣当如是矣！"大见信用，威震京师。

某一次，江充陪同武帝到甘泉宫，抓到了太子派来的使者乘坐马车在驰道上行驶。胡三省在此处做了注释，所谓驰道是皇帝专用的道路。于是，江充依照法律，将太子使者的车马没收。

按理说，以太子的家底，被没收一套车马不算什么大事，但太子另有担忧，派人向江充谢罪，请他网开一面，不要让皇帝知道此事。以江充的脾性，他肯定不吃这一套，如实向武帝奏报。武帝很高兴，高调褒奖了江充，说做臣子的就应该这么办事。就这样，江充成了武帝身边的红人，"威震京师"。

太始四年

原文：

（四年）

春，三月，上行幸泰山。壬午，祀高祖于明堂以配上帝，因受计。癸未，祀孝景皇帝于明堂。甲申，修封。丙戌，禅石闾。夏，四月，幸不其。五月，还，幸建章宫，赦天下。

冬，十月，甲寅晦，日有食之。

十二月，上行幸雍，祠五畤，西至安定、北地。

太始四年（前93年），年初武帝例行公事般地去泰山搞祭祀典礼，然后颁布赦令。冬十月有日食。十二月，武帝到雍县祭祀，向西视察安定、北地两座边郡。

立昌为赵王

原文：

（征和元年）

春，正月，上还，幸建章宫。

一年无事，转眼就是征和元年（前92年）。

东汉学者应劭研究《汉书》，很会对年号做解释。他说征和的意思是"征伐四夷而天下和平"，但这纯属望文生义。陈直先生从考古证据和文献中找到了铁证，证明当时的年号实际上是"延和"，由于"征"和"延"字形相近，抄写错误导致以讹传讹，到了东汉中后期，就普遍写作"征和"了。（陈直《汉书新证》）

司马光当然还不具备这种考据功夫,所以沿用了"征和"的字样,接下来我们将错就错好了。

年初,武帝从安定、北地两座边郡返回长安,入住建章宫。

原文:

三月,赵敬肃王彭祖薨。彭祖取江都易王所幸淖姬,生男,号淖子。时淖姬兄为汉宦者,上召问:"淖子何如?"对曰:"为人多欲。"上曰:"多欲不宜君国子民。"问武始侯昌,曰:"无咎无誉。"上曰:"如是可矣。"遣使者立昌为赵王。

三月,赵王刘彭祖过世,谁会来继承赵国呢?

刘彭祖是景帝诸子当中出类拔萃的坏胚,他曾纳了哥哥江都王刘非的宠姬淖姬为妾。刘非的后宫曾经有多乱,这是前文讲过的。[1] 淖姬到了刘彭祖这边,生了一个儿子,称为淖子。

当时淖姬的哥哥在朝廷当宦官,武帝找他咨询,问淖子为人如何。

这位舅舅答道:"这孩子欲望太多。"

---

[1] 详见前文第124讲。

武帝说了一句掷地有声的名言："多欲不宜君国子民。"欲望太多的人不适合做统治者。

武帝又问刘彭祖另一个儿子刘昌的情况，得到的答复是："无咎无誉。"这原本是《周易》里的爻辞，意思是既没有坏名声，也没有好名声。这在当时不是好话，荀子批评腐儒时也用过这个表述。（《荀子·非相》）

我们的正常反应是，刘昌显然是平庸之辈。但武帝发话了："这孩子合适。"于是，立刘昌为赵王，继承了刘彭祖的赵国。

后人读到这段历史时可能会感慨，汉武帝这可真是乌鸦站在猪身上，尽看见别人黑了，明明他自己才是欲望最多的那个。宋代儒宗真德秀就是这么认为的。在此基础上，他着重说了一句："这话本身是至理名言，咱们可不能因人废言啊。"（[宋]真德秀《西山读书记·甲集二十六》）

巫蛊始起

原文：

夏，大旱。

上居建章宫，见一男子带剑入中龙华门，疑其异人，命收之。男子捐剑走,逐之弗获。上怒,斩门候。冬,十一月,发三辅骑士大搜上林,闭长安城门索,十一日乃解。巫蛊始起。

征和元年是离奇的一年。夏季大旱倒不新奇,新奇的是,武帝在建章宫看到一名男子带剑走入中龙华门,立即下令缉捕。而那名男子竟然丢下佩剑,消失得无影无踪。武帝震怒,斩杀宫门守卫负责人,并在大长安地区展开搜捕,连续十一天关闭城门,最终一无所获。如果把这件事拿到今天来看,我们会觉得大概率是哪位宫廷侍从忘记换衣服,或者只是武帝年老眼花。而对于当时的人来说,尤其是作为当事人的武帝,难免越琢磨越恐惧,最后到了疑神疑鬼的程度。

不要说武帝,即便是千载之后的宋朝学者洪迈,读到这段历史也不免觉得蹊跷,认为是武帝年老后残忍好杀,以至于"谪见于天,鬼瞰其室",应该是神秘力量作祟,最终酿成了人伦惨剧。([宋]洪迈《容斋随笔·续笔卷二》)

明末清初的学者顾炎武在总结历史经验时提到,自古以来,每到一个王朝的中叶,总会出现妖人进入宫禁的事情。这既有气运败坏的原因,也有法纪废弛的原因。([清]顾炎武撰,[清]黄汝成集释《日知录集释·卷三十》）认真体会顾炎武的语气，我们会发现，气运败坏应该才是他想表达的重点。

纨绔子弟

原文：

丞相公孙贺夫人君孺，卫皇后姊也，贺由是有宠。

《资治通鉴》记载，公孙贺的妻子卫君孺是皇后卫子夫的姐姐，所以公孙贺一直深受武帝宠信。但这个说法其实不够全面。

前文提到，公孙贺在武帝还是太子时就担任太子舍人一职，相当于从仕途开端就是武帝的嫡系。后来卫青北伐匈奴，公孙贺也经常自领一军。这意味着他不仅熟悉朝廷里那些隐秘的人际关系，也很了解武帝本人及其政治风格。

所以，被任命为丞相时，公孙贺不喜反悲，几乎当场崩溃。他深知自己被推进了一个极其危险的漩涡，今后只要稍有不慎，就可能招致灭顶之灾。[1]

---

[1] 详见前文第171讲。

原文：

贺子敬声代父为太仆，骄奢不奉法，擅用北军钱千九百万；发觉，下狱。

那么问题来了：既然公孙贺有了这样的觉悟，那他从此谨小慎微过日子就是了，学学石庆前辈，虽然挨骂挨罚免不了，但保全性命总还是可以做到的吧？

只是，这两个人的情况不一样。石庆家里有"万石君"的家风，而公孙贺的儿子公孙敬声却是一个含着金汤匙出生的纨绔子弟，特别不让父母省心。公孙贺就算管得住自己，也管不住儿子。

公孙敬声做过侍中，是武帝很亲信的人，又接替父亲做了太仆，是九卿一级的高官。（《汉书·百官公卿表下》）而他的表现却是"骄奢不奉法"，最终因挪用巨额公款被揭发，下狱问罪。

以公孙贺的家底，像这种经济犯罪按说可以通过赔偿和缴纳赎金换取赦免。但我们必须想到，当时的政治环境里酷吏横行，公孙贺要想保全儿子的性命，就只能另辟蹊径了。

原文：

是时诏捕阳陵大侠朱安世甚急，贺自请逐捕安世以赎敬声罪，上许之。后果得安世。安世笑曰："丞相祸及宗矣！"遂从狱中上书，告"敬声与阳石公主私通。上且上甘泉，使巫当驰道埋偶人，祝诅上，有恶言"。

同一时间，武帝下诏紧急缉捕阳陵大侠朱安世。公孙贺积极请缨，希望能借此事立下功劳为儿子赎罪。得到武帝的同意后，公孙贺真的抓到了朱安世，但朱安世反而笑着对他说："丞相大祸临头了。"

这位朱安世在狱中上书，告发公孙敬声不仅和武帝的女儿阳石公主私通，还指使巫师在武帝去甘泉宫的必经之路上埋藏人偶，诅咒武帝。

私通这种事并不稀奇，但这对奸夫淫妇，一个是武帝的亲信重臣，另一个是武帝的亲生女儿，为什么要用巫蛊手段诅咒武帝呢？这个朱安世是不是因为死到临头而胡乱咬人呢？

汉武帝征和二年

182

武帝病倒是怎么跟巫蛊联系起来的

作案动机

原文：

（二年）

春，正月，下贺狱，案验；父子死狱中，家族。

这一讲我们进入武帝征和二年（前91年），首先关注一下公孙贺父子的命运。

无论公孙敬声是否真的和武帝的女儿私通，是否真的指使巫师在武帝去甘泉宫的必经之路上埋藏人偶诅咒武帝，在当时的政治环境下，有了朱安世的这份指控，公孙贺一家显然难逃厄运。

春正月，公孙贺被批捕，审理结果是罪行属实。公孙贺父子都死在狱中，家族被诛灭。

问题在于，不论公孙贺父子是不是被冤枉的，既然案子已经结了，结案文件里总得写清楚犯人的作案动机吧，那么动机到底是什么呢？

答案已经不得而知，但我们如果站在法官的位置上，编造一个令人信服的动机其实一点都不难。

我们先来回顾一下人物关系：公孙贺是皇后的姐夫、太子的姨夫，与公孙敬声通奸的那位阳石公主是皇后的亲生女儿、太子的亲姐姐。换句话说，从太子到公主，再到公孙贺父子，命运都绑定在皇后身上。

然而，皇后早已失宠，武帝不断有新的宠妃和新的爱子——赵婕妤不是刚生下刘弗陵吗？她住的钩弋宫大门不是刚改名叫尧母门吗？说不定哪一天武帝就会废掉皇后和太子。所以，公孙贺父子的动机就在于此：为了避免夜长梦多，他们想用阴险狠毒的巫术赶紧送武帝上路。这样，等太子顺利继位后，他们一家的荣华富贵就有保障了。

这套完美闭环的逻辑，越听越觉得合理。

或者说，除此之外，确实很难想到一个更能够自圆其说的理由。

大厦将倾

原文：

以涿郡太守刘屈氂为丞相，封澎侯。屈氂，中山靖王子也。

公孙贺死后，武帝以中山靖王之子、涿郡太守刘屈氂为丞相，封澎侯。

原文：

夏，四月，大风，发屋折木。

闰月，诸邑公主、阳石公主及皇后弟子长平侯伉皆坐巫蛊诛。

当年夏天，狂风大作，摧毁房屋，折断树木。诸邑公主、阳石公主和长平侯卫伉都因为巫蛊事件被处决了。

这个时候，公孙敬声案的影响已经被扩大化。新近牵连进来的诸邑公主也是卫子夫的女儿，长平侯卫伉则是卫青的儿子兼继承人。

卫子夫育有三女一男，独生子就是太子刘据，三个女儿都是刘据的姐姐。大女儿卫长公主，又称当利公主，先是嫁给了平阳侯曹襄，曹襄死后，又被武帝改嫁给方士栾大。后来栾大骗术败露，当利公主再一次守寡。而她后来的命运就不得而知了。公孙敬声案发的时候，她很可能已经不在人世，否则也难逃这场滔天大祸。

既然诸邑公主和阳石公主被杀，按说她们的夫家也不可能幸免于祸，但她们到底嫁了谁，史料并没有记载。

事态发展到这一步，所有人都能感受到卫家大厦将倾，皇后和太子的地位岌岌可危。政治圈的生态是墙倒众人推，破鼓万人捶。所以，就算武帝没有怀疑到卫子夫母子身上，他们也无法避免风波不断。

武帝年迈

原文：

上行幸甘泉。

初，上年二十九乃生戾太子，甚爱之。及长，性仁恕温谨，上嫌其材能少，不类己；而所幸王夫人生子闳，李姬生子旦、胥，李夫人生子髆，皇后、太子宠浸衰，常有不自安之意。上觉之，谓大将军青曰："汉家庶事草创，加四夷侵陵中国，朕不变更制度，后世无法；不出师征伐，天下不安；为此者不得不劳民。若后世又如朕所为，是袭亡秦之迹也。太子敦重好静，必能安天下，不使朕忧。欲求守文之主，安有贤于太子者乎！闻皇后与太子有不安之意，岂有之邪？可以意晓之。"大将军顿首谢。皇后闻之，脱簪请罪。太子每谏征伐四夷，上笑曰："吾当其劳，以逸遗汝，不亦可乎！"

上每行幸，常以后事付太子，宫内付皇后；有所平决，还，白其最，上亦无异，有时不省也。上用法严，多任深刻吏；太子宽厚，多所平反，虽得百姓心，而用法大臣皆不悦。皇后恐久获罪，每戒太子，宜留取上意，不应擅有所纵舍。上闻之，是太子而非皇后。群臣宽厚长者皆附太子，而深酷用法者皆毁之；邪臣多党与，故太子誉少而毁多。卫青薨，臣下无复外家为据，竞欲构太子。

上与诸子疏，皇后希得见。太子尝谒皇后，移日乃出。黄门苏文告上曰："太子与宫人戏。"上益太子宫人满二百人。太子后知之，心衔文。文与小黄门常融、王弼等常微伺太子过，辄增加白之。皇后切齿，使太子白诛文等。太子曰："第勿为过，何畏文等！上聪明，不信邪佞，不足忧也！"上尝小不平，使常融召太子，融言"太子有喜色"，上嘿然。及太子至，上察其貌，有涕泣处，而佯语笑，上怪之；更微问，知其情，乃诛融。皇后亦善自防闲，避嫌疑，虽久无宠，尚被礼遇。

这个时候，武帝离开长安，住到了北边不远的甘泉宫里。

屈指一算，从武帝即位后逾年改元的建元元年（前140年）到当下的征和二年（前91年），已经过去了四十九年，当年那个意气风发的少年天子已经垂垂老矣。不仅武帝老了，即便是太子刘据，按周岁算都已经三十七岁了。

随着武帝在长安城内的缺席，公孙敬声案迅速引发了连锁反应，一场震动朝野、株连无数人的人伦惨剧就此拉开序幕，史称"巫蛊之祸"。

《资治通鉴》花了很大的篇幅讲述"巫蛊之祸"的经过，但是，辛德勇先生做过令人信服的考证，证明司马光采信的史料大部分都出自《汉武故事》的小说家言，虽然绘声绘色，充满了细节，但可信度约等于零。（辛德勇《制造汉武帝：由汉武帝晚年政治形象的塑造看〈资治通鉴〉的历史构建》）

审慎起见，我们不妨根据《汉书》的记载来梳理一下"巫蛊之祸"的经过。

首先可信的史实是：武帝入住甘泉宫避暑，病了。（《汉书·武五子传》）

这时候的武帝已经快到"人生七十古来稀"的年纪了，这些年还没少吃仙丹，这一场病之后还能不能起得来，在当时的人看来，确实是个未知数。如果武帝就这样驾崩了，那么太子刘据就会顺利继位，而刘据一旦继位，卫子夫可就摇身一变成为皇太后了。到了那个时候，诸邑公主和阳石公主的死该怎么算？长平侯卫伉的死该怎么算？公孙贺全家的死又该怎么算？这些血债拉清单算下来，当初负责办案的那些人心里能不怕吗？

案子到底是哪些人办的，史料并没有留下记载。不过，本来和本案无关的江充倒是第一个跳出来了。他上奏说，武帝之所以病倒，都是因为巫蛊作祟。

雷霆手段

病因找到了，下面就该由"主治医师"江充对症下药了。

其实在"巫蛊事件"之前，江充的表现就已经可圈可点。他给自己揽下了一个出使匈奴的凶险差事。那个时候出使匈奴，被扣留的概率很高，而一旦被扣，大概率会被送到北方极寒之地。武帝问江充有什么打算，江充回答了三句话，每一句都精彩："因变制宜，以敌为师，事不可豫（预）图。"

江充可不是在说大话。他当真成功出使，顺利归国，这才担任了绣衣直指御史。他上任后，一方面在大长安地区缉捕盗贼，另一方面打击皇亲国戚和达官显贵的奢侈僭越行为。江充不仅刚正不阿，还很聪明地向武帝提出申请：除了没收僭越者的车马，还要把他们送进军队出征匈奴。这可把这些纨绔子弟们吓坏了，纷纷找武帝求情，愿意交钱赎罪。武帝答应了，因此狂收了一笔钱。

这样一个江充，简直就是包青天和桑弘羊的合体，难怪武帝对他信任有加。如果要说他身上有什么毛病的话，《汉书》交代了这样一句：宗族和好友们从他那里得到过很多关照，他因此犯了法，被免职。（《汉书·蒯伍江息夫传》）但这句话显得有些莫名其妙，尤其是江充被免职的事情，与《汉书·百官公卿表》有着不可调和的矛盾。退一步说，以江充到处开罪大人物的做派，但凡他有一点点徇私，注定会被仇家咬住不放，不死不休。

回顾江充早些年在赵国检举赵王太子的前后经过，我们也很难挑出错来。一来赵王太子确实是个烂人，罪不容诛；二来赵王太子只因为怀疑江充在自己父亲面前说了坏话，就借助官府力量缉捕江充，缉捕不得后，还抓了江充的父亲和哥哥，当众处斩，在这种局面下，江充如果不去长安检举揭发，反而不忠不孝，不仁不义。

巫蛊作祟

那么，江充为什么要上奏说武帝病倒是因为巫蛊作祟呢？《汉书》给出了一个很明确的答案：江充看到武帝年迈，生怕武帝驾崩之后，太子会杀自己，所以才想出了这条奸计。(《汉书·蒯伍江息夫传》)

早在陈皇后案里，巫蛊就是害人的核心手段。而在那个浸染着迷信色彩的汉代，整个社会也确实相信这套东西。只是，江充到底是怎么想的，班固又是从哪里知道的呢？

从这个时间点一直到后来去世，江充都没机会吐露心声，甚至没机会回答审判人员的质问。《汉书》这段记载不过是班固的推测，或者最多是社会上的一种共识。

退一步说，虽然江充和太子结过怨[1]，但那点事情实在小小不言，江充没道理担忧到认为太子会杀自己。

也就是说，到这个时间点为止，江充并没有置太子于死地的动机。而从正常情理推测，江充甚至应该有动机拉近和太子的关系，因为一旦武帝驾崩，不知道有多少先前得罪过的达官显贵想要他的命，只有太

---

[1] 江充曾依照法律没收了太子使者的车马，详见前文第181讲。

子，也就是新一任的皇帝，才有能力保全他。

如果江充害死太子，同时又没有扶植另一名皇子给自己找后路，那么只要武帝一死，不论继任者是谁，他大概率都不会有好下场。

只是，事情并没有沿着常情常理发展下去。

183

江充是怎么从民间到后宫查案的

这一讲我们继续留在武帝征和二年（前91年），观察这场影响深远的"巫蛊之祸"。

我们通过公孙敬声案了解到，巫蛊事发，是因为有朱安世的检举。不管朱安世是耳目灵通、准确知道甘泉宫驰道地下埋有人偶也好，还是他人在狱中也能指使同伙去栽赃陷害也罢，总之朱安世的口供和证据完美呼应，让公孙敬声百口莫辩。接下来会牵连多少人、哪些人，就全凭执法者的心情了。

江充查案

原文：

是时，方士及诸神巫多聚京师，率皆左道惑众，变幻无所不为。女巫往来宫中，教美人度厄，每屋辄埋木人祭祀之；因妒忌恚詈，更相告讦，以为祝诅上，无道。上怒，所杀后宫延及大臣，死者数百人。上心既以为疑，尝昼寝，梦木人数千持杖欲击上，上惊寤，因是体不平，遂苦忽忽善忘。江充自以与太子及卫氏有隙，见上年老，恐晏驾后为太子所诛，因是为奸，言上疾祟在巫蛊。于是上以充为使者，治巫蛊狱。充将胡巫掘地求偶人，捕蛊及夜祠、视鬼，染污令有处，辄收捕验治，烧铁钳灼，强服之。民转相诬以巫蛊，吏辄劾以为大逆无道；自京师、三辅连及郡、国，坐而死者前后数万人。

江充领受皇命后，成了侦查并肃清巫蛊之害的总负责人。他的侦破思路和现代刑侦方式有些相似：专业问题请专家来协助。

在江充看来，巫蛊害人是个专业性很高的事情，因此，请巫师来协助办案非常有必要。而他请到的是所谓的胡巫，即胡人中的巫师。

在《汉书》的古代注释里，张晏推测过江充请胡巫的动机，认为他看重的是胡人和汉人语言不通，从而便于保密。（［清］王先谦《汉书补注·蒯伍江息夫传》）

这个推测的合理之处在于，汉人中也有不少巫术专家，甚至还有御用巫术专家。太初元年（前104年），也就是颁行《太初历》的那一年，武帝为了西征大宛，指派丁夫人和洛阳虞初等人大搞仪式，诅咒大宛和匈奴。（《汉书·郊祀志下》）这位丁夫人姓丁，名夫人，是个男人，祖上是大汉开国功臣阳都敬侯丁复。至于虞初，职位则是方士侍郎，顾名思义，他是方士出身，到武帝身边做了郎官，但主营业务应该还是方术。江充不在汉人中找办案专家，反倒在胡人中找，肯定有什么特别的理由。

司马光排斥怪力乱神，在《资治通鉴》里没写这些事，所以我们有必要脑补一下当时的情况：武帝时代巫术盛行，他的身边聚集了一大批像少翁、栾大、公孙卿、勇之这样的巫术专家。这让我们可以更容易理解武帝的担忧——我搞了这么多巫术，别人会不会用同样的手段来对付我呢？回过头看江充这边：既然有了专业人士的协助，办起案来就容易多了。他们掘地找人偶，还在晚上侦查到底哪些人在偷偷搞巫术仪式。事关皇帝的生命安危，手段必须强硬。于是乎，江充只要抓到嫌犯就会来一顿严刑拷打，得不到满意的答案绝不罢休。被捕的老百姓你栽赃我，我栽赃你，罪名一旦成立，就是连坐灭族的结果。前前后后被杀害的人多达数万。

武帝的心态

江充抓了这么多嫌疑犯,杀了这么多人,案子什么时候才是个头呢?

答案很明确:如果武帝的病情好转,甚至自愈,江充就算办案成功,接下来该等着加官晋爵了。只是,武帝的病情并没有好转的迹象,这就意味着江充办案不力,别看杀了那么多人,却始终没有抓到元凶。

怎么办呢?没有什么好办法,只有继续查下去,继续杀下去。

原文:

是时,上春秋高,疑左右皆为蛊祝诅;有与无,莫敢讼其冤者。充既知上意,因胡巫檀何言:"宫中有蛊气;不除之,上终不差。"

武帝因为病情始终没有好转,疑心病更重了,怀疑身边的人都在用巫术害自己。江充探查到了武帝的这种心态,声称宫中有蛊气,查案就这样从民间查到了皇宫里。

到底什么是蛊气,史料中并没有解释,我们就把它理解为巫蛊手段所产生的神秘气场好了。但问题还是老问题：无论是江充探查到了武帝怀疑身边人的心态，还是他基于此声称宫中有蛊气，都属于主观判断，并不属于针对事实的客观记录。

事实层面的记录只有以下几个：

第一，江充杀了几万人后，武帝的病情依然不见好转；第二，武帝疑神疑鬼，怀疑身边的人用巫术害自己；第三，江充声称宫中有蛊气，查案查到了皇宫里。

转战后宫

原文：

上乃使充入宫，至省中，坏御座，掘地求蛊；又使按道侯韩说、御史章赣、黄门苏文等助充。

怀疑对象从民间转入宫廷内部后，江充首先调查的是武帝当时所住的甘泉宫。（《汉书·公孙刘田王杨蔡陈郑传》）他查得很仔细，甚至把武帝御座下面的地面都刨开了。（《汉书·武五子传》）一无所获之后，他又转向了后宫。（《汉书·公孙刘田王杨蔡陈郑传》）

查案查到这种程度，确实有一点旷古烁今的感觉。要知道，皇帝的后宫向来都是被严防死守的，男性只有宦官才可以出入，怎能容许外臣进进出出、翻箱倒柜呢？

理解这一层后，我们就不难想象江充一行人的到来会在武帝的后宫掀起多大的波澜了。

原文：

充先治后宫希幸夫人，以次及皇后、太子宫，掘地纵横，太子、皇后无复施床处。充云："于太子宫得木人尤多，又有帛书，所言不道；当奏闻。"

江充先从那些不受宠幸的女人查起。这倒无可厚非，假如真有什么巫术能在不动声色间对皇帝施害，这些被冷落的人自然容易被怀疑是巫术的操控者。

这时，如果设身处地，站在江充的位置，我们肯定会盼星星盼月亮，盼着武帝赶紧康复，好顺利交差。我们大概率不会以好整以暇的心态，从外围的平民百姓慢慢查到宫廷内部甚至后宫。毕竟，要是查到了某个核心人士的头上，把他杀掉后武帝的病还不见好，那么下一个该死的就是江充自己了。天可怜见，只要武帝的身体一天不能康复，江充就只有继续查下去、杀下去。

查处太子

很快，江充查到了皇后和太子头上。

《汉书》的记载是，江充开挖太子宫的地面，挖出了桐木制作的人偶。

至于这些人偶是太子先前埋下的，还是江充派人栽赃的，现在已经无法确定。

当事人假如不是太子刘据，而是其他人，那么即使明知被栽赃，也只有认栽，全家老小乖乖去死。但太子毕竟是太子，或多或少还是有选择的。他的选择是什么呢？按照常情常理，答案应该很明确：赶紧上甘泉宫，抱住亲爹喊冤，赌咒发誓自己绝不会做这种勾当。再把自己的娃儿，也就是亲爹的小孙儿一起带上，哭就是了。

后人看这段历史时，往往也是这么认为的——虎毒不食子嘛。而在当时，太子刘据却并没有这么做。

原文：

太子惧，问少傅石德。德惧为师傅并诛，因谓太子曰："前丞相父子、两公主及卫氏皆坐此，今巫与使者掘地得征验，不知巫置之邪，将实有也，无以自明。可矫以节收捕充等系狱，穷治其奸诈。且上疾在甘泉，皇后及家吏请问皆不报；上存亡未可知，而奸臣如此，太子将不念秦扶苏事邪！"太子曰："吾人子，安得擅诛！不如归谢，幸得无罪。"太子将往之甘泉，而江充持太子甚急；太子计不知所出，遂从石德计。

太子向老师石德征求意见，石德献计献策，劝太子伪造武帝指令缉拿江充。

石德应该是这样考虑的：太子和甘泉宫内的武帝已经失去了联系，对于武帝病情如何、是生是死一无所知。所以，很难判断江充是不是假借武帝的名义行事，就像秦二世矫诏杀死扶苏那样。(《汉书·武五子传》)

我们如果站在太子刘据的位置上，会不会认同石德的这一番分析呢？

184

太子是怎么从自保走向造反的

黄金组合

我们继续来看"巫蛊之祸"。前文有一处细节很值得留意:无论是太子刘据还是皇后卫子夫,在武帝入住甘泉宫的这段日子里,确实与武帝失联了。虽然史料没有明确解释原因,但我们不难想象,人在这种状态下难免会往最坏的方向去猜想,武帝可能已经过世,而奸臣秘不发丧,用非常手段仿效胡亥和扶苏的旧事。

对于另一边的江充来说,要想带着一伙响当当的男子汉闯进皇帝的后宫东翻西查,肯定要得到皇帝的首肯。而武帝不仅批准了这项行动,还派按道侯韩说、御史章赣和黄门苏文等人给江充撑腰。(《汉书·武五子传》)

这意味着,武帝深知宫廷中人会倚仗特殊身份阻挠江充办案,所以毫无保留地为江充添加筹码。韩说是韩王信的重孙、弓高侯韩颓当庶出的孙儿，也是武帝年轻时的男宠韩嫣的弟弟。他不但和韩嫣一样是武帝的宠臣，而且有南征北战之功，是个很有分量的人物。御史章赣可以代表朝廷的监察部门，黄门苏文则是宫里的宦官。

韩说、章赣、苏文这三人简直是人力资源的黄金组合，足以替江充冲开一切阻碍。

当然，反过来看，有韩说这些人在，无论武帝有没有这个用心，客观上确实会对江充起到监督作用。

辛德勇先生认为："稍习中国古代专制君主行事手段者，应不难看出，这同时也是令韩说等三人监督江充行事，以相钳制，防止其恣意妄为。"（辛德勇《制造汉武帝：由汉武帝晚年政治形象的塑造看〈资治通鉴〉的历史构建》）这就意味着，如果江充要在这些人的监督下栽赃陷害刘据，难度极大。正是出于这个原因，辛德勇先生认为江充并没有冤枉太子。

站在太子的角度，被江充从自己的宫殿挖出人偶，实在是千钧一发的大事。父皇才杀了两个亲生女儿，难道就杀不得亲生儿子吗？所谓虎毒不食子，不过是民间的朴素逻辑，并不适用于帝王之家。

一念及此，他能想到的办法就只有反戈一击了。

太子造反

原文：

秋，七月，壬午，太子使客诈为使者，收捕充等；按道侯说疑使者有诈，不肯受诏，客格杀说。太子自临斩充，骂曰："赵虏！前乱乃国王父子不足邪！乃复乱吾父子也！"又炙胡巫上林中。

太子使舍人无且持节夜入未央宫殿长秋门，因长御倚华具白皇后，发中厩车载射士，出武库兵，发长乐宫卫卒。长安扰乱，言太子反。苏文逃走，得亡归甘泉，说太子无状。上曰："太子必惧，又忿充等，故有此变。"乃使使召太子。使者不敢进，归报云："太子反已成，欲斩臣，臣逃归。"上大怒。

七月壬午日，太子刘据派门客伪装成武帝特使缉捕江充一伙。

黄金组合中的按道侯韩说是老江湖，疑心有诈，不肯束手就擒。太子门客早有准备，当场格杀韩说。

这个场景很容易让我们联想起战国年间信陵君窃符救赵的往事。当时晋国军队统帅晋鄙疑心信陵君有诈，信陵君的门客朱亥从袖子里掏出铁锥，当场打死了晋鄙，这才成就了信陵君的丰功伟业。只是，太子刘据的门客没能把事情做周全，让章赣带伤逃跑了，直奔甘泉宫向武帝告状。

太子迅速采取应对策略，派门客无且（jū）持节夜入未央宫长秋门，通过女官倚华向皇后卫子夫陈述事情的全部经过，然后征发皇后下属的战车和武士，从武库取得武器，再征发长乐宫卫士，通报百官说江充谋反。（《汉书·武五子传》）太子亲临刑场斩杀江充（《汉书·蒯伍江息夫传》），又在上林苑烧死了给江充当专业顾问的胡巫（《汉书·武五子传》）。接下来，太子安排门客担任将帅，和丞相刘屈氂在长安城内展开了激烈的战斗。

以上记载有详细的时间、地点、人物，比如壬午日、未央宫和长秋门、无且和倚华。虽然时隔千年来看，都是些无关紧要的枝节，但它们至少说明了班固在著史时的谨慎，有足够的档案来确认这些细节。

在这些史料的基础上，我们可以梳理出事件的主线：太子刘据的原计划应该是通过假传圣旨来逮捕江充一伙，逼出满意的供词，并且确认武帝的生死——如果武帝还活着，那就拿供词去甘泉宫求得谅解；如果武帝已经驾崩，那就治这些乱臣贼子的罪，拨乱反正。

但计划赶不上变化，太子应该从俘虏的口中得知了武帝的身体状况，而章赣又带伤逃跑，打算向武帝告状，这就逼得太子一不做，二不休，采取更加激烈的行动。而这一行动，本质上就是造反了。

造反事业必须师出有名，于是刘据发布消息，称武帝在甘泉宫病倒并失联，奸臣趁机作乱。（《汉书·公孙刘田王杨蔡陈郑传》）这样一来，太子兴兵就不是造反，而是为了保护武帝，铲除奸臣。

周公之风

原文：

丞相屈氂闻变，挺身逃，亡其印绶，使长史乘疾置以闻。上问："丞相何为？"对曰："丞相秘之，未敢发兵。"上怒曰："事籍籍如此，何谓秘也！丞相无周公之风矣，周公不诛管、蔡乎！"

太子的军队迅速打到丞相府，刘屈氂仓皇逃窜，连丞相的印绶都弄丢了。丞相属官把消息通报到甘泉宫，武帝质问道："丞相在做什么呢？"

属官回答说："丞相低调处理，没敢发兵。"

武帝暴怒："事情都闹到这么大了，还能怎么低调处理？丞相一点都没有周公之风，看看人家周公当年是怎么诛杀管叔、蔡叔的！"（《汉书·公孙刘田王杨

蔡陈郑传》)

周公当年辅佐年少的周成王，遇到亲兄弟管叔、蔡叔搞叛乱，完全不留情面，该镇压的镇压，该处决的处决。武帝这是在指责刘屈氂不称职，没有及时调动军队诛杀乱臣贼子。当然，我们会问：周公当时不仅仅是辅政大臣，还是周成王的亲叔叔，周朝的江山有他好大一份股权，但武帝朝的这些丞相不都是政府雇员，夹着尾巴在朝堂上充数的吗？

确实是这样，但刘屈氂的身份有点特殊。他是中山靖王刘胜之子，论血缘是武帝的堂侄，多少有一点汉帝国的股份。

至于刘屈氂有什么过人的本领或亮眼的政绩，我们就不得而知了，也许是史料缺载，也许是他真的乏善可陈。

武帝当初在指派刘屈氂做丞相时，特意在诏书上提了一笔，要把丞相府的班底一分为二，等待贤才。这话说得有点含蓄，如果更直白地讲，武帝应该是想恢复汉朝初年的左右丞相制度，而不再只设一名丞相。

从制度角度理解，武帝是要切割相权；从人事角度理解，他似乎对刘屈氂的能力不大满意。但他在诏书结尾还是展示了一下高姿态："亲亲任贤，周唐之道也。"依靠亲人，对亲人委以重任，是周代的优良政治传统；对没有血缘关系的贤人委以重任，是尧圣人留下来的优良政治传统；我们汉帝国兼而有之。

看刘屈氂当时的反应，似乎确实有几分"亲亲"的考虑，认为太子兴兵不过是父子之间的小误会，先冷处理一下，别让事态升级就好。武帝虽然搬出了周公的样板，但实际上是想拿"任贤"的标准要求刘屈氂——你要摆正自己的雇员身份，遇到叛乱就赶紧平叛，别管对方是谁。

宋真宗时代官修的《册府元龟》整理了各种有资治意义的历史事件，把好榜样和反面教材分门别类，相当于另一种体例的《资治通鉴》。其中有"识闇"这个条目，意思是"没见识"。而刘屈氂在"宰辅"这一分类里第一个被拉出来——他的这次落荒而逃，可以说是识闇的坏典型。（《册府元龟·三百三十六》）

那么，这样一个刘屈氂真的可以平息事态吗？武帝会不会亲自出马，和失联已久的太子刘据面对面沟通呢？

185

武帝是怎么处理太子叛乱的

武帝平叛

原文:

乃赐丞相玺书曰:"捕斩反者,自有赏罚。以牛车为橹,毋接短兵,多杀伤士众!坚闭城门,毋令反者得出!"

太子宣言告令百官云:"帝在甘泉病困,疑有变;奸臣欲作乱。"上于是从甘泉来,幸城西建章宫,诏发三辅近县兵,部中二千石以下,丞相兼将之。太子亦遣使者矫制赦长安中都官囚徒,命少傅石德及宾客张光等分将;使长安囚如侯持节发长水及宣曲胡骑,皆以装会。侍郎马通使长安,因追捕如侯,告胡人曰:"节有诈,勿听也!"遂斩如侯,引骑入长安;又发辑濯士以予大鸿胪商丘成。初,汉节纯赤,以太子持赤节,故更为黄旄加上以相别。

太子立车北军南门外,召护北军使者任安,与节,令发兵。安拜受节;入,闭门不出。太子引兵去,驱四市人凡数万众，至长乐西阙下，逢丞相军，合战五日，死者数万人，血流入沟中。

上一讲说到，太子兴兵的消息传到了甘泉宫，武帝看出丞相刘屈氂畏首畏尾，立即下达书面指示，要求刘屈氂平定叛乱，该抓就抓，该杀就杀。武帝连具体战术都替刘屈氂设计好了：用牛车作防御，尽可能避免短兵相接，并紧闭城门，防止反叛分子逃出长安城。即便如此，武帝还是对刘屈氂放心不下，所以决定亲自出马，坐镇长安城西的建章宫，就近调兵遣将，镇压叛乱。（《汉书·公孙刘田王杨蔡陈郑传》）

在普通人的想法里，武帝只要大大方方回长安，和太子见个面，好好谈谈，亲父子之间有什么话说不开呢？但武帝毕竟不是普通人，从他的应对方式来看，他已经认定太子是搞巫蛊要害死自己的幕后元凶，事情败露之后索性一不做，二不休，真刀真枪要来弄死自己。哪还有什么父子天伦，只有你死我活而已。

长安城内，刘屈氂开始直接指挥平叛工作。虽然武帝有指示，要用牛车作防御，尽可能避免短兵相接，但真的打起来，哪里还顾得上那么多呢？双方在长安城内鏖战了整整五日，死者数万。

太子出逃

原文：

民间皆云"太子反"，以故众不附太子，丞相附兵浸多。庚寅，太子兵败，南奔覆盎城门。司直田仁部闭城门，以为太子父子之亲，不欲急之；太子由是得出亡。丞相欲斩仁，御史大夫暴胜之谓丞相曰："司直，吏二千石，当先请，奈何擅斩之！"丞相释仁。上闻而大怒，下吏责问御史大夫曰："司直纵反者，丞相斩之，法也；大夫何以擅止之？"胜之惶恐，自杀。诏遣宗正刘长、执金吾刘敢奉策收皇后玺绶，后自杀。

因为有武帝在长安城外坐镇，所以刘屈氂的兵力越来越强，太子刘据的兵力却越来越弱，最后太子支撑不住，逃出了长安城。那么问题来了：武帝不是有明令要刘屈氂紧闭城门，不让反叛分子逃出长安城吗？以当时太子的兵力，难道还能硬闯出去不成？

硬闯确实闯不出去，但当时负责守门的是我们已经熟悉的能臣田仁。田仁面临一个两难局面：忠于职守的话，就必须严守城门，甚至捉拿太子；但太子跟武帝毕竟是父子，打断骨头连着筋。怎么办呢？田仁故意卖个破绽，让太子出城逃走了。（《史记·田叔

列传》)

田仁可能是从父亲田叔的成功经验中得到启发，才决定这么做的。景帝时代，梁王刘武派人刺杀朝廷高官，这场谋反大案由田叔和吕季主领衔查办。田叔、吕季主一行人办完公差，快要从梁国回到长安时，把所有案件卷宗烧了个精光，空着手向皇帝交差。他们的说法是："如果梁王不伏诛，那么朝廷法律就是一纸空文，而如果依法办事，太后她老人家吃得消吗？陛下您又该怎样面对太后呢？"[1] 这个案子办得极其成功，是田叔职场履历上的一抹亮色。但经验主义害死人，田仁效仿父亲的做法，但武帝却完全不同于景帝。刘屈氂得知太子出逃，当即就要斩杀田仁，但御史大夫暴胜之拦住了他，说田仁好歹是个二千石级别的高级干部，哪能说杀就杀呢，先请示一下嘛。

消息传到建章宫，武帝怒不可遏，派人质问暴胜之：丞相要斩田仁，那是依法办事，你凭什么擅自阻挠？

暴胜之惶恐不安，就这样自杀了。

---

[1] 详见前文第043讲。

经验主义

回顾整件事,刘屈氂确实有权力斩田仁,但暴胜之的说法也不算错。当年卫青北征匈奴,需要处置败军之将苏建,他说,自己如果搁置在军中斩杀大将的权力和权威,把事情原委报告给皇帝,由皇帝亲自裁决,以此来彰显臣子不敢专权的操守,不也可以吗?[1]但时过境迁,现在不是北征,而是平叛。法律还是先前的法律,但武帝已经不是先前的心态了。回顾暴胜之的一生,他以酷吏起家,担任绣衣直指御史的职务,处死过不知道多少个二千石级别的高官,威震州郡,就连江充都应该尊称他一声前辈。然而,他因听从隽不疑的忠告,收敛了刚强的作风,努力向着刚柔相济的方向发展,结果却死在了这个改变上。[2] 看看田仁,死于经验主义;再看看暴胜之,死于对经验主义的背叛。对于当时的官员来说,到底怎么才能既把事情做好,又能明哲保身,实在没有一定之规。

---

[1] 详见前文第117讲。

[2] 详见前文第178讲。

原文：

上以为任安老吏，见兵事起，欲坐观成败，见胜者合从之，有两心，与田仁皆要斩。

同时被杀的还有田仁的好朋友任安。当时任安统领北军，太子用符节调动任安的军队，任安接受符节后，一转身就闭门不出。表面上看，任安只是兵行诡道，并没有追随太子叛乱，但在武帝看来，任安这种态度属于"坐观成败"，等待局势明朗后再决定站哪边。成语"坐观成败"就是这么来的。

武帝说，任安做官做久了，人就油滑了。先前任安犯过不少死罪，自己都宽恕了，但这次不同，任安怀有二心，必须死。(《史记·田叔列传》)

这就是说，如果依法办事，任安早就无数次论罪当斩了，但武帝并不是个以法治国的皇帝，而是凭喜怒来决定别人的生死。后人常说武帝"外儒内法"，但如果韩非看到这一幕，一定痛心疾首，忙不迭要和武帝撇清关系，甚至会把武帝当成反面典型。

太子之死

原文：

上以马通获如侯，长安男子景建从通获石德，商丘成力战获张光，封通为重合侯，建为德侯，成为秺侯。诸太子宾客尝出入宫门，皆坐诛；其随太子发兵，以反法族；吏士劫略者皆徙敦煌郡。以太子在外，始置屯兵长安诸城门。上怒甚，群下忧惧，不知所出。壶关三老茂上书曰："臣闻父者犹天，母者犹地，子犹万物也，故天平，地安，物乃茂成；父慈，母爱，子乃孝顺。今皇太子为汉适嗣，承万世之业，体祖宗之重，亲则皇帝之宗子也。江充，布衣之人，闾阎之隶臣耳；陛下显而用之，衔至尊之命以迫蹴皇太子，造饰奸诈，群邪错缪，是以亲戚之路隔塞而不通。太子进则不得见上，退则困于乱臣，独冤结而无告，不忍忿忿之心，起而杀充，恐惧逋逃，子盗父兵，以救难自免耳；臣窃以为无邪心。诗曰：'营营青蝇，止于藩。恺悌君子，无信谗言。谗言罔极，交乱四国。'往者江充谗杀赵太子，天下莫不闻。陛下不省察，深过太子，发盛怒，举大兵而求之，三公自将；智者不敢言，辩士不敢说，臣窃痛之！唯陛下宽心慰意，少察所亲，毋患太子之非，亟罢甲兵，无令太子久亡！臣不胜惓惓，出一旦之命，待罪建章宫下。"书奏，天子感寤，然尚未敢显言赦之也。太子亡，东至湖，藏匿泉鸠里；主人家贫，常卖屦以给太子。太子有故人在湖，闻其富赡，使人呼之而发觉。八月，辛亥，吏围捕太子。太子自度不得脱，即入室距户自经。山阳男子张富昌为卒，足蹋开户，新安令史李寿趋抱解太子，主人公遂格斗死，皇孙二人并皆遇害。上既伤太子，乃封李寿为邘侯，张富昌为题侯。

话说回来，从太子刘据兴兵叛乱的七月壬午日到出逃的当月庚寅日，一共只有十天的光景，长安城内的秩序很快恢复了。但武帝不敢掉以轻心，依旧安排军队守卫城门，以防太子卷土重来。

然而，太子已经没有这个选项了。他惶惶如丧家之犬，藏身在湖县泉鸠的一户百姓家中。当官差追捕而来时，太子自忖无望，上吊自杀了。而庇护他的这家主人反而奋勇抵抗，最终死在官差手中。太子的两个儿子，也就是武帝的两个亲孙儿，也一并遇害。这场太子造反案件至此宣告终结。

在追捕队伍中，山阳男子张富昌踢开了被太子紧锁的房门，新安令史李寿第一个冲上去抱住了太子的身体。武帝事后论功行赏，封李寿为邘侯，封张富昌为题侯。（《汉书·武五子传》）

颜师古为《汉书》作注，认为李寿之所以封侯，是因为他在第一时间冲上去解救太子。但王先谦对此特别不以为然，认为李寿只是为了抓个活口立功。最直接的证据在《汉书·景武昭宣元成功臣表》里：李寿是因为第一个抢到了太子的尸体才被封侯的。如果采信颜师古的注释，上下文就解释不通了。（[清] 王先谦《汉书补注·武五子传》）

当然，反方的观点也非常有力。辛德勇先生援引清代语言学家王念孙的考证，认为李寿和张富昌之所以封侯，是因为武帝有所感悟，认为这两个人当时都在抢着救下太子。（辛德勇《制造汉武帝：由汉武帝晚年政治形象的塑造看〈资治通鉴〉的历史构建》）

事态发展到这一步，如果非要追究孰是孰非，抛开考证文字不谈，仅凭情理推测，太子刘据在当时被认为罪无可逃，死有余辜的可能性还是相当大的。

大清算

接下来便是一场彻彻底底的大清算，凡是和太子有瓜葛的，要么被诛杀，要么被族灭。哪怕是那些被太子胁迫参与叛乱的人也没有得到宽恕，全都被发配到敦煌郡去了。当然，对于闲杂人等，武帝采取了相对宽松的态度。

至于皇后卫子夫，武帝指派专员没收了她的印玺，言下之意是：你不配再做皇后，自己看着办吧。

卫子夫果然自己看着办了，选择自杀。随后，武帝派人将她草草埋葬，同时将卫家人彻底铲除。

这个时候，如果回看公孙敬声案：公孙贺和公孙敬声父子显然也是卫氏一党的人，即便他们躲过了朱安世的一劫，也注定躲不过江充这一劫。再看田仁和任安，这两个人原先是卫青的门客，与卫家关系密切。还有公孙敖，人人都知道他是卫青的死党。

那么问题来了：武帝是不是揣着明白装糊涂，借机做局铲除卫氏势力，为自己心仪的继承人扫除障碍呢？

汉武帝征和二年至三年

186

太子为什么不能按自己的喜好挑选宾客

对于上一讲遗留的问题——武帝是不是揣着明白装糊涂，借机做局铲除卫氏势力，为自己心仪的继承人扫除障碍——确实有一批学者是从这个角度理解的。然而，我们还要考虑另一个问题：刘据在七岁时被立为太子，到征和二年（前91年）已经做太子三十年了，为什么武帝突然要下如此重手呢？

有一种解释是，武帝和太子刘据在政策的基本路线上存在巨大分歧，所以武帝认为，只有彻底肃清太子势力，才能确保自己的政治遗产不受影响。

但以上种种都只是猜测，没有任何过硬的证据。从《史记》《汉书》的记载来看，我们只能知道皇后卫子夫早已失宠，武帝陆续有新欢，新欢们又陆续给武帝生了新皇子，所以武帝和太子之间的亲情纽带并不牢固。

异端分子

原文：

初，上为太子立博望苑，使通宾客，从其所好，故宾客多以异端进者。

太子刘据死后，"巫蛊之祸"的主线情节宣告结束。《资治通鉴》在这一刻特地回顾往事，提到当初武帝为太子设立博望苑，让太子在此地招贤纳士，喜欢谁就可以留下谁，结果太子宾客当中多半是异端分子。这段记载出自《汉书·武五子传》，传达的信息是太子身边坏人太多，好人太少。

原文：

臣光曰：古之明王教养太子，为之择方正敦良之士以为保傅、师友，使朝夕与之游处，左右前后无非正人，出入起居无非正道，然犹有淫放邪僻而陷于祸败者焉。今乃使太子自通宾客，从其所好。夫正直难亲，谄谀易合，此固中人之常情，宜太子之不终也！

因此，司马光总结历史教训，给出了一段语重心长的"臣光曰"：圣明君主会精心挑选人才，把他们安排在太子身边，让太子从小耳濡目染的都是好人好事。可武帝倒好，根本没替太子筛选，任凭他自己挑选宾客。

对此，司马光有一句掷地有声的原文："正直难亲，谄谀易合。"意思是正直的人往往不容易亲近，和他们打交道并不舒服，而谄媚小人恰恰相反，特别亲人。对于中等资质的人而言，这是人之常情。让太子根据自己的喜好挑选宾客，结果必然是小人扎堆。

在司马光看来，"巫蛊之祸"的根苗在于武帝对太子的教育太不尽心。追溯到《汉书》的记载，班固虽然迷信天意，但也持有相似的看法，不然也不会特意提及博望苑的事情。站在醇儒角度来看，这种观点并不算迂腐，如果司马光当时是太子老师，一定会痛斥石德，坚决阻止太子兴兵动武。

不过，世人往往以成败论英雄。对比唐朝初年的玄武门之变，秦王李世民麾下的精英基本也是他根据自己的喜好挑选的。这些人煽动叛乱，又是射杀太子，又是对皇帝逼宫，假如他们失败了，就会和李世民一道被钉在历史的耻辱柱上。同理，假如刘据成功了，未尝不会成为另一个李世民。

"巫蛊之祸"之后还有不小的余波，但我们遵循《资治通鉴》的编年顺序，暂时告一段落，来看同年发生的其他事件。

原文：

癸亥，地震。

九月，商丘成为御史大夫。

立赵敬肃王小子偃为平干王。

匈奴入上谷、五原，杀掠吏民。

先是有一场地震，然后商丘成升任御史大夫，接替了暴胜之的职位。而商丘成之所以被提拔，是因为他在"巫蛊之祸"中平叛有功。

同年，赵王刘彭祖的幼子刘偃被封为平干王。匈奴入侵上谷郡、五原郡，进行杀戮和抢劫。征和二年在动荡不安的气氛中结束了。

出击匈奴

原文：

（三年）

春，正月，上行幸雍，至安定、北地。

匈奴入五原、酒泉，杀两都尉。三月，遣李广利将七万人出五原，商丘成将二万人出西河，马通将四万骑出酒泉，击匈奴。

夏，五月，赦天下。

征和三年（前90年），春正月，武帝照例短途出巡，匈奴照例发起入侵。三月，武帝派贰师将军李广利率七万人出五原，商丘成率二万人出西河，马通率四万骑兵出酒泉，打击匈奴。夏五月，大赦天下。

值得一提的是，新出场的这位马通和商丘成一样，也是在"巫蛊之祸"中平叛有功而被提拔起来的。

原文：

匈奴单于闻汉兵大出，悉徙其辎重北邸郅居水；左贤王驱其人民度余吾水六七百里，居兜衔山；单于自将精兵度姑且水。商丘成军至，追邪径，无所见，还。匈奴使大将与李陵将三万余骑追汉军，转战九日，至蒲奴水；虏不利，还去。马通军至天山，匈奴使大将偃渠将二万余骑要汉兵，见汉兵强，引去；通无所得失。是时，汉恐车师遮马通军，遣开陵侯成娩将楼兰、尉犁、危须等六国兵共围车师，尽得其王民众而还。贰师将军出塞，匈奴使右大都尉与卫律将五千骑要击汉军于夫羊句山狭，贰师击破之，

乘胜追北至范夫人城；匈奴奔走，莫敢距敌。

这一时期，匈奴逐渐调整战术，采取"敌进我退，敌退我追"的策略。听说汉帝国大举北伐，匈奴立即向北撤退。退到遥远的北境后，他们先把老弱和辎重安置在河的北岸，再将战斗人员集结在河的南岸迎战汉军。

商丘成的汉军军团扑了个空，只好掉头撤军。这时，匈奴大将和李陵统率三万骑兵追杀了过来，此时的李陵应该是真心实意为匈奴效力了。但商丘成确实是一员勇将。转战九日之间，他让匈奴付出了很大的代价，匈奴被迫撤军。

马通军团则在天山脚下遭遇匈奴大军，貌似会有一场硬仗。但匈奴见汉军强盛，直接撤退了。马通自始至终没能与匈奴接战。

虽然马通军团没有斩将搴旗之功，但他们对匈奴起到了很好的压制作用，让汉帝国在其他战线上取得了胜利。

这是因为，马通军团走的是西线。武帝担心车师国会配合匈奴袭击马通，所以派开陵侯成娩统率西域六国联军围攻车师。这是成娩第二次打车师。九年前的天汉二年（前99年），武帝封匈奴降王成娩为开陵侯，让他统率楼兰军队攻打车师国。当时匈奴以数万人救援车师，成娩作战不利，只得退兵。[1]时隔九年，匈奴因不敢与马通军团接战，失去了救援车师的机会。车师国上到国王，下到全国百姓，全部被成娩带回了汉帝国。

这同时意味着，成娩退走后，车师国的土地变成了无主之地，将来就要归于匈奴了。（余太山《两汉魏晋南北朝正史西域传要注》）

谋立太子

最后我们重点来看李广利军团的表现，这才是此次北征匈奴行动的主线。

一开始，李广利取得小胜，乘胜追击，一路追到范夫人城。今天已经很难确指范夫人城在什么位置了，谭其骧先生主编的《中国历史地图集》将它标注在现今蒙古国的达兰扎兰加德城西北部。胡三省援引应劭的注释，说这座城原先是一位汉将主持修建的，在他死后，他的妻子率领余部继续修缮并且守卫此地，所以得名范夫人城。

---

[1] 详见前文第178讲。

当然，这个说法有几分真实，也有几分杜撰的色彩。总之，李广利这一次深入匈奴北境，匈奴只是逃跑，不敢应战，局面似乎不错。而就在这个时候，李广利忽然接到了后院失火的消息。

原文：

初，贰师之出也，丞相刘屈氂为祖道，送至渭桥。广利曰："愿君侯早请昌邑王为太子；如立为帝，君侯长何忧乎！"屈氂许诺。昌邑王者，贰师将军女弟李夫人子也；贰师女为屈氂子妻，故共欲立焉。

事情还要追溯到李广利刚刚接受委任，即将率军出征的时候。丞相刘屈氂在渭水为他饯行，李广利特地嘱托刘屈氂，希望他可以尽快劝说武帝立昌邑王刘髆为太子，刘屈氂满口答应下来。

李广利之所以会有这样的嘱托，刘屈氂之所以会满口应承，是因为昌邑王刘髆是李夫人的儿子，也就是李广利的外甥，而李广利的女儿是刘屈氂的儿媳。既然有这种关系在，而武帝还要立一位太子，那么只要趁热打铁，让刘髆当上太子，李广利和刘屈氂未来的荣华富贵就有了保障。

这里还需要交代一下，李夫人不但容貌绝美（"一顾倾人城，再顾倾人国"就是描写她的），而且有着非凡的生活智慧。当初她病重时，武帝来看望她，但她执意不与武帝见面，只是郑重地把儿子刘髆和兄弟们的未来托付给武帝。旁人都不理解：皇帝那么想见她，她怎么反而把皇帝给气走了？李夫人说了一句名言："以色事人者，色衰而爱弛，爱弛则恩绝。"李夫人深知武帝对她的感情完全建立在她的美色上，一旦让武帝看到自己病重的憔悴模样，武帝只会嫌弃，而这一嫌弃，就算当下答应了要照顾好自己的儿子和兄弟们，将来也做不到。（《汉书·外戚传上》）

　　李夫人的死，确实给武帝留下了绵长的思念。但武帝毕竟不是普通人，时间更不是普通的良药，后来要么是李延年自己，要么是李延年和李季两兄弟恃宠而骄，跟皇宫里的女人发生了不正当关系，最终被武帝灭族。（《史记·佞幸列传》《汉书·佞幸传》）

　　也就是说，李家赖以获得荣华富贵的核心人物李夫人已经去世，武帝也没那么顾念旧情，把李延年和李季兄弟灭了族，李家这一代人只剩下了李广利。

　　我们不妨设身处地替李广利参谋一下：他还能怎么办呢？

187

李广利是怎么投降匈奴的

这一讲我们来关注李广利的命运。

虽然李广利当了那么久的贰师将军,但他其实并不擅长打仗,一旦吃了败仗,就很可能会失去一切。所以,李广利把希望寄托在了亲外甥昌邑王刘髆身上,只有熬死武帝,等到刘髆继位,他才能松一口气。

丞相刘屈氂当时面临差不多的情况:丞相这个职位看似尊贵,但实际上稍有差池便会遭殃。看看历任前辈,有几个能善终?所以,刘屈氂也希望能依靠刘髆保全自己,与李广利一拍即合。

只是,李广利和刘屈氂两人一个是将,一个是相,不但结成了儿女亲家,还在权力场上搞起了"将相和",这已经犯了大忌。而就在李广利出征前,刘屈氂在渭水边高调给亲家饯行,还商量起拥立太子这种极其危险的话题。等待他们的会是怎样的命运呢?

刘屈氂腰斩

原文：

会内者令郭穰告"丞相夫人祝诅上及与贰师共祷祠，欲令昌邑王为帝"，按验，罪至大逆不道。

这个时候，虽然"巫蛊之祸"所谓的罪魁祸首已被处置，但收官工作仍在紧锣密鼓地进行。案子办得仓促，难免有一些逼供之词。一个名叫郭穰（ráng）的少府属官指控丞相刘屈氂的夫人因为气不过自己的丈夫总被武帝骂，于是指示巫师做法诅咒武帝，话说得特别不堪入耳。郭穰还揭发道，刘屈氂和李广利一起祭祀祷告，打算把昌邑王刘髆推上皇帝宝座。

很难说郭穰是不是在诬告，但以当时的政治气氛，只要有了指控，就一定能办成铁案，更何况郭穰的说辞确实合情合理——所有人都知道，丞相是个高危岗位。刘屈氂的夫人如果因此诅咒武帝，不但可以理解，甚至值得同情。至于刘屈氂和李广利的勾勾搭搭，就算郭穰不说，以武帝执政半个世纪的丰富经验，应该早就有所察觉了。

原文：

六月，诏载屈氂厨车以徇，要斩东市，妻子枭首华阳街；贰师妻子亦收。贰师闻之，忧惧，其掾胡亚夫亦避罪从军，说贰师曰："夫人、室家皆在吏，若还，不称意适与狱会，郅居以北，可复得见乎！"

案子查办下来，罪名确凿，大逆不道。刘屈氂堂堂丞相，被锁在运送食物的大车里游街示众，最后在东市当众腰斩。丞相夫人自然也难逃厄运，枭首华阳街。至于李广利，虽然一时不会被朝廷抓到，但他的老婆孩子全部被收押。不难想见，假如李广利这个时候没有统兵在外，而是留在长安，下场应该不会比刘屈氂好到哪里去。

冒险一搏

消息很快传到了前线。这时，如果站在道德制高点上看，李广利应该置个人和家人的生死于度外，继续与匈奴作战。表面上，他打仗打得确实更投入、更卖力了，还取得了一些斩获。只是，李广利真的有这么高的觉悟吗？

军官中有知情人士开始窃窃私语。他们认为主帅动机不纯，拿战争当豪赌，拼着大家的性命博取非常之功。这样注定会失败。

原文：

贰师由是狐疑，深入要功，遂北至郅居水上。虏已去，贰师遣护军将二万骑度郅居之水，逢左贤王、左大将将二万骑，与汉兵合战一日，汉军杀左大将，虏死伤甚众。军长史与决眭都尉辉渠侯谋曰："将军怀异心，欲危众求功，恐必败。"谋共执贰师。贰师闻之，斩长史，引兵还至燕然山。

也就是说，李广利想通过取得亮眼的战绩来换取武帝的宽恕，从而拯救自己和家人。但军官们都不傻，很清楚这种极端冒进的打法将大肆挥霍将士们的性命。如果主帅真要这样打下去，大家必须想办法搞兵变了。

但消息走漏，李广利斩杀了为首的阴谋家，继续推进自己的立功计划。而以他这种不管不顾的打法，虽然可以取一时之功，但最终大概率会遭到溃败。

李广利叛降

原文：

单于知汉军劳倦，自将五万骑遮击贰师，相杀伤甚众；夜，堑汉军前，深数尺，从后急击之，军大乱；贰师遂降。单于素知其汉大将，以女妻之，尊宠在卫律上。宗族遂灭。

果然，单于看出了李广利军团后继乏力，于是亲自统率五万大军发起决战。入夜之后，匈奴在汉军营垒前方悄悄挖出几尺深的堑壕，然后从汉军后方展开突袭。

这是很有创新色彩的打法。不难想见，汉军在夜色中遭受突袭时，下意识地朝反方向逃窜，却掉进了匈奴早就挖好的堑壕里，人仰马翻，溃不成军。李广利在绝境中最终选择投降。

单于很器重李广利，把女儿嫁给了他，对他的尊崇在卫律之上。

我们在前文提到过，卫律是单于的亲信之一。李广利这一次北征，遇到的第一个对手就是卫律。

这个卫律虽然有匈奴血统，却是在汉帝国出生并且成长起来的，和李延年关系密切。当初正是因为李延年的推荐，卫律才担任使者出使匈奴。然而，在卫律出使期间，李延年被满门抄斩，卫律生怕遭受牵连，没敢回国，索性投降了匈奴。

在单于看来，卫律既有匈奴血统，又是"中国通"，更因为李延年案的缘故，和汉帝国再无可能和解，这样的人才自然值得重用。卫律从此常在单于身边出谋划策，被封为丁灵王。

李广利这时候还没有意识到，自己投降匈奴却不知谦退，一下子坐到了比卫律更尊崇的位置上，将会带来什么后果。

随着主帅的投降，李广利军团这七万大军几乎全军覆没，只有极少数人逃回了父母之邦。经此一役，汉帝国元气大伤，再难组织对匈奴的大规模征战。武帝在盛怒之下杀光了李广利全家。

"巫蛊之祸"把卫子夫的家族势力从内圈到外围斩尽杀绝，丞相刘屈氂居功至伟，仿佛他就是幕后黑手，一切兴风作浪都是为了害死太子刘据，让昌邑王刘髆顺利上位。结果呢，李夫人的家族势力随即也被清扫干净，步了卫家人的后尘。

根据《史记》的记载，武帝下令逮捕太医令随但，因为他泄漏了李广利家人被逮捕的消息，导致李广利投降匈奴。（《史记·匈奴列传》）只不过，武帝那么高调地处决刘屈氂，相关保密工作应该也很难做到位。

思子宫

原文：

秋，蝗。

九月，故城父令公孙勇与客胡倩等谋反，倩诈称光禄大夫，言使督盗贼；淮阳太守田广明觉知，发兵捕斩焉。公孙勇衣绣衣、乘驷马车至圉，圉守尉魏不害等诛之。封不害等四人为侯。

当年秋天，蝗灾又一次肆虐，紧接着爆发了一场莫名其妙的谋反案。

这段时间里，巫蛊事件依旧层出不穷，但调查之下多半都是冤情。武帝终于有所觉悟，相信太子刘据当时只是被逼急了，才会做出过度的应激反应。

原文：

吏民以巫蛊相告言者，案验多不实。上颇知太子惶恐无他意，会高寝郎田千秋上急变，讼太子冤曰："子弄父兵，罪当笞。天子之子过误杀人，当何罪哉！臣尝梦一白头翁教臣言。"上乃大感寤，召见千秋，谓曰："父子之间，人所难言也，公独明其不然。此高庙神灵使公教我，公当遂为吾辅佐。"立拜千秋为大鸿胪，而族灭江充家，焚苏文于横桥上；及泉鸠里加兵刃于太子者，初为北地太守，后族。

刚好在这个时候，负责看管刘邦陵寝的低级官员田千秋上书武帝，替太子刘据辩解。武帝这才幡然醒悟，升田千秋的官，族灭江充全家，还把陷害太子的人一一清算。像黄门苏文这等罪魁祸首，甚至连杀掉都不能解恨，于是被活活烧死在横桥之上。田千秋在恰当的时间和地点，以恰当的身份向武帝提出了恰当的言论，这让武帝相信，田千秋所言是列祖列宗借他之口向自己传达的宝贵讯息。

对此，我们倒也不能苛责武帝。人只要老了，哪怕仅仅是出于本能，也会生出对健康和寿命的忧虑，而一旦形成忧虑，就难免疑神疑鬼。这只是人之常情。

原文：

上怜太子无辜，乃作思子宫，为归来望思之台于湖，天下闻而悲之。

觉悟之后的武帝终于念及父子亲情，先是修筑了一座思子宫，然后又在太子自尽的地方兴建了望思台。这一举动产生了"天下闻而悲之"的影响，每个听说这件事的人都感到悲伤。只是，再怎么思念，再怎么悲伤，都已经于事无补了。

元代文人叶懋有一首咏史佳作，感怀的对象就是武帝的望思台：

> 汉武求仙惑山鬼，仙人不来巫蛊起。
> 绣衣直指向人间，思子宫成泪如水。
> 秋风慷慨歌楼船，轮台下诏犹凄然。
> 省躬罪已恨不已，穷兵黩武夸当年。
> 奸臣并诛方士息，戾园秋草凄凄碧。
> 功名独羡富民侯，高庙微言感胸臆。
>
> ——《十台怀古·望思台》

熟悉了这段历史之后，我们再读这首诗时应该不会有太大的障碍。如果说还有什么不容易理解的地方的话，应该是下面的两处：第一处是"戾园秋草凄凄碧"，太子刘据死后得到的谥号是"戾"。这显然不是一个好的谥号，但无论如何，谥号就这么定了，所以他的墓地被称为戾园，他本人被称为戾太子，我们也可以用戾园指代刘据本人。第二处应该是"功名独羡富民侯"，其实很简单，武帝后来封田千秋为富民侯。这并不是因为田千秋有多大的本事，而仅仅是要讨个彩头，希望民间经济可以复苏。这件事和"轮台下诏犹凄然"是高度相关的，之后我们很快就会讲到。

无论如何，征和三年的大事件到此结束。

汉武帝征和四年

188

《轮台诏》是武帝的悔过之书吗

原文：

（四年）

春，正月，上行幸东莱，临大海，欲浮海求神山。群臣谏，上弗听；而大风晦冥，海水沸涌。上留十余日，不得御楼船，乃还。

这一讲我们进入新的一年，武帝征和四年（前89年）。年初，武帝又开始出巡。根据《资治通鉴》的记载，这次武帝格外有兴致，执意要坐船出海，亲自寻访海上仙山。不管群臣怎么劝谏，武帝一概不听。但天公不作美，一连刮了十几天狂风，海面波涛汹涌，楼船无法启航。武帝这才悻悻然返程了。

文字很生动，也很耐人寻味。唯一的问题是，这段记载出自《汉武故事》的小说家言。（［宋］晁载之《续谈助·卷三》辑录《汉武故事》）如果核查可靠的史料，我们只能从《汉书》知道武帝在当年正月确实去了海滨，仅此而已。（《汉书·武帝纪》）

原文：

二月，丁酉，雍县无云，如雷者三，陨石二，黑如黳。

到了二月，雍县出现异常天象：天空明明晴朗无云，却响起了三声雷鸣，两颗黑色的陨石从天而降。

这倒不难理解，晴空霹雳并不是真正的霹雳，而是陨石砸落地面的声音。《汉书》还有记载：这样的巨响在四百里外都听得到，同时还有苍黄色的气弥漫着，像飞鸟一样聚集在棫阳宫南。有关部门把陨石当成祥瑞，运到宗庙好生供奉。（《汉书·郊祀志下》）

武帝悔过

原文：

三月，上耕于钜定。还，幸泰山，修封。庚寅，祀于明堂。癸巳，禅石间，见群臣，上乃言曰："朕即位以来，所为狂悖，使天下愁苦，不可追悔。自今事有伤害百姓，糜费天下者，悉罢之！"

三月，武帝在钜定举行耕种仪式，随后按惯例前往泰山，在封禅之地和明堂进行了祭祀活动。

武帝搞亲耕仪式，这倒是件新鲜事。明朝学者王祎据此推论，武帝折腾了一辈子，却从未关注过农业生产，这次搞亲耕，估计是萌生悔意了吧？（《大事记续编·卷一》）话似乎有道理，不过辛德勇先生质疑道，亲耕仪式通常在京郊举行，没有到千里之外操办的道理。所以这次亲耕估计和劝农没关系，而应该是求仙仪式中的一环。(辛德勇《制造汉武帝：由汉武帝晚年政治形象的塑造看〈资治通鉴〉的历史建构》)

孰是孰非，只能见仁见智了。但我们需要注意的是，武帝晚年确实颁布过诏书，把农耕当作首要任务，还任命农业专家赵过担任搜粟都尉，改革农业技术。根据《汉书》的记载，之所以出现这样的转变，是因为当时"天下虚耗，人复相食"，武帝对自己之前频繁发动战争导致民生困苦而感到后悔。(《汉书·食货志上》)

武帝产生了悔意，这似乎在情理之中，但在《资治通鉴》的记载里,武帝的悔过显得特别不合情理:他在群臣面前坦诚自己即位以来做了不少荒唐事,使天下愁苦,追悔不及,所以从今以后,凡是伤害百姓、增加财政负担的事情,一律停止。

原文:

田千秋曰:"方士言神仙者甚众,而无显功,臣请皆罢斥遣之!"上曰:"大鸿胪言是也。"于是悉罢诸方士候神人者。是后上每对群臣自叹:"向时愚惑,为方士所欺。天下岂有仙人,尽妖妄耳!节食服药,差可少病而已。"夏,六月,还,幸甘泉。

田千秋马上接话:"方士们求仙的事情,说来说去全是耍嘴皮子,就没一件是靠谱的,不如把他们通通遣散算了。"

武帝竟然听进去了,真的遣散了所有方士,后来还经常在群臣面前哀叹说,自己以前被方士们骗得很苦,其实天下哪儿来的神仙呢?至于节制饮食,服用药物,最多不过是让人少生一点病罢了。

断章取义

问题是，就在今年正月里，武帝还不远千里，从长安远行到东海海滨。就算没有执意渡海那回事，但他又是重修封禅，又是明堂祭祀，分明还是先前那副模样，怎么到了三月就仿佛变了一个人似的？转变来得如此突然，完全没有任何征兆，这到底是怎么回事呢？

要理解这个问题，首先要厘清史源，然后就会发现：不对啊，这段史料怎么找不到出处呢？

辛德勇先生推断，《资治通鉴》这段记载应该还是从那部小说家言的《汉武故事》采录来的，更有意思的是，虽然《汉武故事》的原书早已经散佚，但大约与司马光同时代的晁载之在《续谈助》里辑录了《汉武故事》的这段内容。把上下文连起来看，含义就完全不一样了。《续谈助》的辑录里说，武帝遣散方士时已经六十多岁了，但依然面容年轻，头发乌黑。而在他自以为被方士欺骗之后就不再求仙，也停止服药了，可结果呢，那一两年间他精神萎靡，然后很快过世了。（《续谈助·卷三》）辛德勇先生总结道："可见作者讲述这一故事的主旨，显然是要以汉武帝为镜鉴，来宣扬若想追求成仙得道，一定要一以贯之，不能半途而废。这与司马光断章取义之后所要体现的思想，正好相反。"（辛德勇《制造汉武帝：由汉武帝晚年政治形象的塑造看〈资治通鉴〉的历史构建》）

富民侯

原文：

丁巳，以大鸿胪田千秋为丞相，封富民侯。千秋无他材能，又无伐阅功劳，特以一言寤意，数月取宰相，封侯，世未尝有也。然为人敦厚有智，居位自称，逾于前后数公。

当年夏六月，武帝回到甘泉宫。丁巳日，他任命田千秋为丞相，并封其为富民侯。

田千秋这个侯爵头衔很特殊："富民"并不是一个具体的地点，而是字面意思的"使人民富裕"。封田千秋为富民侯，相当于向天下传递一个信号：以后不再折腾了，大家就好好种田，安稳过日子吧。

田千秋的上位堪称奇迹：他家原本是齐国王族，后来迁居到长陵，他本人就在当地的高庙当了一个小职员。如果没有"巫蛊之祸"，他这一生应该不会有更大的起色。只因为在恰当的时间和地点，以恰当的身份向武帝提出了恰当的言论，所以他在短短几个月的时间里就青云直上，拜相封侯。

我们还可以留心一处细节：虽然这个田千秋没什么资历，但他长得一表人才，要身高有身高，要容貌有容貌，武帝一看见他就喜欢。（《汉书·公孙刘田王杨蔡陈郑传》）

历代君主中，汉武帝以慧眼识人著称，但我们已经不是第一次看到了，他特别注重外貌。外貌这关过了，才会进一步考察其他。先前江充外貌出众，谈吐不俗，做事还特别干练。而这位田千秋虽然有绣花枕头的嫌疑，但有一项优点：为人敦厚。所以在一步登天后，他既没有飘飘然，也没有张皇失措，比他的几位前任都坐得稳。

《轮台诏》

原文：

先是搜粟都尉桑弘羊与丞相、御史奏言："轮台东有溉田五千顷以上，可遣屯田卒，置校尉三人分护，益种五谷。张掖、酒泉遣骑假司马为斥候，募民壮健敢徙者诣田所，益垦溉田，稍筑列亭，连城而西，以威西国，辅乌孙。"上乃下诏，深陈既往之悔曰："前有司奏欲益民赋三十，助边用，是重困老弱孤独也。而今又请遣卒田轮台。轮台西于车师千余里，前开陵侯击车师时，虽胜，降其王，以辽远乏食，道死者尚数千人，况益西乎！曩者朕之不明，以军候弘上书，言'匈奴缚马前后足置城下，驰言"秦人，我匄若马"'。又，汉使者久留不还，故兴遣贰师将军，欲以为使者威重也。古者卿、大夫与谋，参以蓍、龟，不吉不行。乃者以缚马书遍视丞相、御史、二千石、诸大夫、郎、为文学者，乃至郡、属国都尉等，皆以'虏自缚其马，不祥甚哉！'或以为'欲以见强，夫不足者视人有余'。公车方士、太史、治星、望气及太卜龟蓍皆以为'吉，匈奴必破，时不可再得也'。又曰：'北伐行将，于鬴山必克。卦，诸将贰师最吉。'故朕亲发贰师下鬴山，诏之必毋深入。今计谋、卦兆皆反缪。重合侯得虏候者，乃言'缚马者匈奴诅军事也'。匈奴常言'汉极大，然不耐饥渴，失一狼，走千羊'。乃者贰师败，军士死略离散，悲痛常在朕心。今又请远田轮台，欲起亭隧，是扰劳天下，非所以优民也，朕不忍闻！大鸿胪等又议欲募囚徒送匈奴使者，明封侯之赏以报忿，此五伯所弗为也。且匈奴得汉降者常提掖搜索，问以所闻，岂得行其计乎！当今务在禁苛暴，止擅赋，力本农，修马复令，以补缺、毋乏武备而已。郡国二千石各上进畜马方略补边状，与计对。"

由是不复出军，而封田千秋为富民侯，以明休息，思富养民也。又以赵过为搜粟都尉。过能为代田，其耕耘田器皆有便巧，以教民，用力少而得谷多，民皆便之。

在此之前，桑弘羊等人联名上奏，建议派军队在轮台以东的五千多顷良田上屯田，然后逐渐向西发展，对西域诸国形成近距离的压力。但武帝没有批准，还发布了一道很长的诏书，称自己先前严重低估了战争成本，导致人力物力折损巨大，因此需要调整政策方向，让老百姓以后可以安心种田、养马。

这道诏书被后世称为《轮台诏》。主流观点一直将它理解为武帝悔过之书，是武帝晚年彻底转变治国方针的纲领性文件。但辛德勇先生提出了不同看法。他认为，《轮台诏》的内容"只是有关西域轮台地区军事部署的局部性问题，是因贰师将军李广利西征受挫所做的策略性调整，而不是朝廷根本性的大政方针"。（辛德勇《制造汉武帝：由汉武帝晚年政治形象的塑造看〈资治通鉴〉的历史构建》）

究竟哪种看法更为准确，见仁见智，我个人更倾向于传统观点。不过，《轮台诏》里有一个很有趣的细节值得关注：武帝说自己以前糊涂，误解了一名边境侦察兵提交的报告。该报告称匈奴人把马的四条腿绑住，丢在城下，并撂下一句话："秦人，我给你们马！"

这里需要解释一下，匈奴当时称呼汉人为"秦人"。胡三省分析认为，这应该是匈奴以前跟秦国和秦朝打交道，叫"秦人"叫惯了，积习难改。要等到唐朝，他们才改口叫"汉人"。

武帝得到这个情报后，召集高官和专家学者进行分析。有的人认为，匈奴捆绑自己的战马是败象。还有的人认为，匈奴一定是马匹不足，所以才会虚张声势，炫耀自己马匹多。

当然，行军打仗是国之大事，为了慎重起见，武帝还进行了占卜——烧乌龟壳的烧乌龟壳，望气的望气，看星象的看星象，各类预测结论高度统一：汉军必胜，统帅非李广利莫属，当大军推进到䩈（fǔ）山时，便能克敌制胜。

作为最高决策者，武帝看着这一套套的数据和分析，还怎么可能力排众议，跟所有人和所有神的意见反着来呢？当然只能开打呗。武帝还根据预测结果特别指示李广利：打到䩈山就停，不要贪功深入。他当时可能怎么都想不到，李广利会打出这么糟糕的结果。

这个时候，马通擒获的匈奴人提供了新资讯，原来，捆绑马腿竟然是匈奴对汉军施行的诅咒。

搞出这么大的一个乌龙，真是情何以堪！

这些内容让我们了解了当时国家大事的决策过程。作为集权政治架构里说一不二的统治者，武帝在重大事件面前确实慎之又慎。但实际效果呢？各级官员只会拣他爱听的话说，就连巫婆神棍也在底下串通一气。直到铸成大错，武帝才意识到这些人简直没一个是靠谱的。

189

武帝相信太子是冤枉的吗

预测之术

武帝认真反省了自己任用李广利北征匈奴的决定，明明占卜预测的结论高度统一——汉军必胜，统帅非李广利莫属，结果为什么事与愿违呢？如果让各个流派的占卜专家独立形成意见，结果会有什么不一样吗？

这个问题有确切的答案，所以并不需要想象和推理。褚少孙补写《史记》，回忆自己做郎官的时候，和搞占卜的官员在同一个地点办公。他听这些官员讲，武帝曾经召集各门各派的占卜专家，让他们推算某个日子适不适合娶媳妇，结果乱套了——五行家说适合，堪舆家说不行，建除家说那天不吉利，从辰家说是大凶，历家说是小凶，天人家说是小吉，太一家说是大吉。各有各的理，怎么也争不出个所以然来。最后还是武帝以皇帝身份强行拍板，说避开各种死忌，以五

行家的意见为主。后来五行家地位高，就是这个原因。（《史记·日者列传》）

当时的这些预测手段生命力很惊人，相当一部分直到今天仍有遗存。比如，给孩子取名时，找大师算五行缺什么，然后名字里就带上相应的元素（如果五行缺土，名字可能就叫闰土，或者使用带土字旁的字）是五行家的遗存。再比如，看风水，以及将风水和时间相结合的做法是堪舆家的遗存。还比如，查皇历，看哪天宜远出，哪天不宜动土，是建除家和历家的遗存。

人在面对不确定性时，非常需要通过预测手段来获得确定性，给自己和同伴以信心。我们看周代的历史，像战争这种大事，要决定是否开战，一定会做最高级别的占卜，那就是烧灼龟甲，解读龟甲上出现的裂纹。如果事出仓促，没这个条件，就通过蓍草占卜，也就是《周易》的那一套。如果预测的结果是吉，但仗打败了，贵族们也能有一套自洽的解释——只要拉长时间尺度，"塞翁失马，焉知非福"的道理就会浮现。贵族本来就有神道设教的传统，揣着明白装糊涂，占卜只是凝聚人心的手段。

巫蛊之好

汉武帝对神神怪怪的事物热情特别高,不管是胡巫、越巫,还是神仙、巫蛊,都愿意尝试。虽然时间久了,他难免会怀疑,甚至杀人泄愤,但杀完人、泄过愤后,心里终究放不下,觉得某个方士可能是骗子,但他那套方术未必就是骗术。这样反反复复折腾了一辈子,到了晚年,经历了"巫蛊之祸"和李广利投降匈奴的连续打击,武帝的心气儿终于有点颓了。可能出于这个原因,他才会惋惜太子刘据的死,还建造了一座思子宫。

但有个耐人寻味的问题:武帝对太子刘据的死感到惋惜可能是真的,但他是否真的相信太子是被江充等人冤枉的呢?辛德勇先生敏锐地指出了疑点:如果武帝相信太子是冤枉的,他最该做的事情就是为太子平反,给皇后改葬,但这两件事他都没做。而且,太子的三个儿子、一个女儿都和太子同时遇害了,还有一个孙儿(也就是后来的汉宣帝),才生下来几个月就被关在监狱里,由好心的典狱长偷偷保护着。武帝到了临终之时才有所感悟,想赦免这个孩子。这本应该是件很简单的事情,最多也只需要下一道诏书,但武帝并没有这么做,而是通过大赦天下的形式,让这个孙儿顺便得到赦免。

多年之后，汉宣帝为刘据拟定谥号，选的字前面提到过，是"戾"。不管怎么解释，这都不是个好字眼。宣帝给卫子夫追赠的谥号是"思"，谥法"追悔前过曰思"，表示她以自杀的方式追悔以往的过失。我们可以参照明朝末年的崇祯皇帝：同样是自杀，同样谥号为"思"，称为明思宗。这就意味着，直到武帝死后，太子刘据的亲孙儿宣帝继位，都没给"巫蛊事件"平反。（辛德勇《制造汉武帝：由汉武帝晚年政治形象的塑造看〈资治通鉴〉的历史构建》）

话说回来，武帝一方面继续担心巫蛊，一方面调整政策，希望全国人民埋头搞生产，勤劳致富。他封丞相田千秋为"富民侯"，就是想传递这个信息。

除此之外，武帝还采取了一个更务实的政策，那就是任命赵过为搜粟都尉。赵过是农业技术专家，曾研究出一种全新的农耕方法——代田法。《资治通鉴》记载，赵过设计的耕种方法和新式农具都非常巧妙，农民用力省而收成多，因此都觉得新方法好。

代田法

原文：

臣光曰：天下信未尝无士也！武帝好四夷之功，而勇锐轻死之士充满朝廷，辟土广地，无不如意。及后息民重农，而赵过之俦教民耕耘，民亦被其利。此一君之身趣好殊别，而士辄应之，诚使武帝兼三王之量以兴商、周之治，其无三代之臣乎！

司马光深有感触，发表了一段"臣光曰"：天下果然不缺人才。在武帝锐意开疆拓土时，各类开拓型人才云集朝廷，建功立业。等武帝转而发展农业时，赵过这样的专业人才也随之出现。如此看来，国君的偏好是影响国家走向的决定性因素。

不过，事情并不像司马光说的那么简单。赵过的代田法虽然增加了粮食产量，但没有真正省力。代田法本质上是以精耕细作的方式取代以前的粗放方式。按理说，精耕细作必然要比粗放耕作费力，之所以能省力，前提是有充足的耕牛和优质的铁犁。但耕牛并不是每家都有，至于铁器，我们不要忘了，武帝时期大搞盐铁专卖，官营铁器的质量广受民间诟病。

代田法的具体操作在史料中记载很简略，也很模糊，所以研究者们有不同理解。根据许倬云先生的解释，代田法大致是这样的：先在农田上犁出若干条平行的沟，将犁出来的土堆在沟的旁边，形成一尺高的垄，然后在沟里播种。随着农作物的生长，垄上的土逐渐被推下来，最后垄会被削平。到了第二年，在原先田垄的位置开出新沟，所谓"代田"就是这个意思，其他操作都和上一年一样。（［美］许倬云著，程农、张鸣译《汉代农业：早期中国农业经济的形成》）

今天我们已经很难看出代田法的好处了。不过，我们可以把它和之前粗放型的撒播法做个比较。用撒播法，将种子大把撒播到田里，等幼苗生长出来后必须人工疏苗，避免幼苗之间距离太近。由于汉代的犁不能深耕，播撒到田里的种子也就难以从土壤里汲取充足的养分，土地表层的水分也很容易被强风吹干。

其实，代田法最适合的使用场景应该是军屯，因为耕牛和铁犁都有保障，增产的部分也很容易被政府掌控——如果在民间使用，政府很难做到按照产量征税。从《盐铁论》的内容来看，大长安一带的公田总会被权贵人家承包，他们也很容易从代田法中获利。

农业新技术的推广总是需要时间的。按照《剑桥中国秦汉史》的说法，代田法的采用时间可能是在武帝死后，并且，真正大力支持推行代田法的人不是赵

过，而是桑弘羊。（［英］崔瑞德、［英］鲁惟一著，杨品泉等译《剑桥中国秦汉史》）

李广利之死

原文：

秋，八月，辛酉晦，日有食之。

卫律害贰师之宠，会匈奴单于母阏氏病，律饬胡巫言："先单于怒曰：'胡故时祠兵，常言得贰师以社，何故不用？'"于是收贰师。贰师骂曰："我死必灭匈奴！"遂屠贰师以祠。

代田法到底是赵过还是桑弘羊推行的，这是后话了。我们回到赵过担任搜粟都尉的时候。当年八月发生了日食，随后是本年度的最后一件大事：李广利去世。

前文讲过，李广利投降匈奴，被狐鹿姑单于奉为上宾。但问题就出在这里——李广利的地位比卫律还高，这让卫律感到愤愤不平。刚好单于的母亲生病，卫律便打点好匈奴巫师。巫师装神弄鬼，诊断结论是前任单于的在天之灵发怒了，因为以前每次用兵都在神前许愿，要抓来李广利祭神，现在为什么违背誓言？

在怪力乱神的事情上，狐鹿姑单于的表现并不比汉武帝更理性，于是李广利就真的被杀来献祭了。李广利死前破口大骂，说自己死后一定要灭掉匈奴。

李广利生前都没能奈何得了匈奴，死后又能做什么呢？但在当时，这种威胁绝对是有效力的。《汉书》交代，李广利死后，匈奴很快遭遇了一连几个月的大雪，牲畜大量死亡，粮食没了收成，疫病流行。单于怕了，把这场天灾和李广利临死时的诅咒联系在了一起，赶紧祭祀李广利，祈求他在天之灵的原谅。（《汉书·匈奴传上》）

这就意味着，随着李广利离开历史舞台，不仅汉帝国伤筋动骨无力再战，匈奴也不得不休养生息，和平成为汉匈共同的期望。

征和四年的大事件到此结束。

汉武帝后元元年

190
武帝面临怎样的继承难题

原文:

(后元元年)

春,正月,上行幸甘泉,郊泰畤;遂幸安定。

昌邑哀王髆薨。

二月,赦天下。

夏,六月,商丘成坐祝诅自杀。

这一讲我们进入新的一年,武帝后元元年(前88年)。这里先要说明,"后元"并不是正式的年号,很可能是因为武帝执政的最后两年里,没有找到合适的名字来做年号,而他就在此期间驾崩了。但这只是推测，并没有过硬的证据。

春正月，武帝照例进行出巡和祭祀，但这次只是短途。昌邑王刘髆在这个时候过世了。回想当初，丞相刘屈氂在渭水给李广利践行，这对亲家商量着要立刘髆为太子。即便这个计划真的成功了，最终也可能会因为这一意外变故而落空。

二月，大赦天下。夏六月，商丘成因被控祝诅而自杀。

所谓祝诅，本质上和巫蛊类似。但问题在于，商丘成是因为在"巫蛊之祸"中平叛有功而崛起的，后来李广利北征匈奴，商丘成作为一支独立军团的统帅，表现也很亮眼，他完全没有理由用巫术诅咒武帝。真相究竟如何，已经无从考证。

兄弟谋反

原文：

初，侍中仆射马何罗与江充相善。及卫太子起兵，何罗弟通以力战封重合侯。后上夷灭充宗族、党与，何罗兄弟惧及，遂谋为逆。侍中驸马都尉金日磾视其志意有非常，心疑之，阴独察其动静，与俱上下。何罗亦觉日磾意，以故久不得发。是时上行幸林光宫，日磾小疾卧庐，何罗与通及小弟安成矫制夜出，共杀使者，发兵。明旦，上未起，何罗无何从外入。日䃅奏厕，心动，立入，坐内户下。须臾，何罗袖白刃从东厢上，见日䃅，色变；走趋卧内，欲入，行触宝瑟，僵。日䃅得抱何罗，因传曰："马何罗反！"上惊起。左右拔刃欲格之，上恐并中日䃅，止勿格。日䃅投何罗殿下，得禽缚之。穷治，皆伏辜。

但这还不是本年度最离奇的事情。更加离奇的是，马何罗和马通兄弟谋反，险些刺杀了武帝。

马何罗当时任职侍中仆射。第三辑里讲过，做侍中的都是皇帝最亲信的人[1]，而侍中仆射顾名思义，就是侍中的总管。马何罗以这样的身份，为什么要谋反呢？即使谋反成功，又能有什么好处呢？马通在前文已经出场过了，他是镇压"巫蛊之祸"的功臣，因功封侯，也没有谋反的道理。

历朝历代，谋反的要么是皇亲，要么是权臣，只要害死皇帝，他们自己就可以取而代之。但是在马何罗兄弟身上完全不存在这种可能性。史料记载偏偏绘声绘色，充满细节：两兄弟密谋行刺，幸亏金日䃅警觉，在千钧一发之际拦腰抱住了马何罗，不然的话，

---

[1] 详见《资治通鉴熊逸版》（第三辑）第230讲。

只要稍慢一步，他就能行刺得手了。

案犯先受审，后被杀。但是，审理结果到底是什么，马氏兄弟为什么谋反，成功刺杀武帝之后又留着什么后手，准备推举谁来当皇帝……种种疑点，一概没有答案。

对于历史疑案，我们只能信者存信，疑者存疑。《汉书》记载，马何罗和江充很亲近，马通又是因为在"巫蛊之祸"中作战卖力，这才立功封侯。所以，当江充被族灭，太子刘据冤情大白之时，马氏兄弟担心自己遭到清算，于是先下手为强，准备杀掉武帝。（《汉书·霍光金日磾传》）

《资治通鉴》采录的就是这段内容，这样一来，谋反的动机倒是有了。田余庆先生还注意到，"巫蛊之祸"中立功封侯的五个人，在武帝执政的最后两三年里全部被杀或者被逼自杀。"他们之死，史籍上记有不同的罪名，但集中起来看一看，就知道都是出于为卫太子昭雪，为转变政策扫清道路的需要。"（田余庆《秦汉魏晋史探微》）

但话要两说。五大功臣被杀光了，这是一桩事实，事实背后的原因却只是推测。"巫蛊之祸"并没有被平反，以这几个人的政治力量，貌似也不足以影响朝廷政策。

但我们可能永远等不到水落石出的那一天了。像"巫蛊之祸"这种发生在权力中心且带有丑闻性质的大案，不知道有多少真相被小心翼翼地掩盖，后人只能看到一个模糊的轮廓而已。

再交代几句后话：在《汉书》有关马氏兄弟的记载中，有的地方写作马何罗、马通，也有的地方写作莽何罗、莽通，这是因为马通留有后人的缘故。马通的曾孙马援就是东汉那位以"马革裹尸"闻名的伏波将军，马援的小女儿做了汉明帝的皇后，被称为明德马皇后。马皇后后来成为皇太后，闪耀着道德光芒，特别受人尊敬。皇太后不愿意自家祖上有反贼，群臣自然也就知道避讳，而班固著史正在这一时期。按照宋人王观国的推断，《汉书》中涉及马氏谋反的地方，班固就改"马"为"莽"，其他地方则未加改动。（[宋]王观国《学林·卷五》）

太子之争

原文：

秋，七月，地震。

燕王旦自以次第当为太子，上书求入宿卫。上怒，斩其使于北阙；又坐藏匿亡命，削良乡、安次、文安三县。

上由是恶旦。旦辩慧博学，其弟广陵王胥，有勇力，而皆动作无法度，多过失，故上皆不立。

马氏兄弟下狱之后，七月发生了地震，"巫蛊之祸"的余波也仍然在继续。

武帝共有六个儿子，长子是皇后卫子夫的独生子刘据，接着是王夫人生的齐王刘闳、李姬生的燕王刘旦和广陵王刘胥、李夫人生的昌邑王刘髆，最小的儿子是赵倢伃生的刘弗陵，这一年刚刚六周岁。

刘据去世后，谁有资格被立为太子，成为牵动无数人命运的选择题。在老六刘弗陵出生之前，武帝最宠爱的孩子应该是齐王刘闳。但刘闳短命，早在元封元年（前110年）就过世了，而且没有留下子嗣。这样一来，老三刘旦的心思便开始活络——眼看着大哥、二哥都已去世，就连老五昌邑王刘髆都死了，自己就应该是第一顺序继承人。

此时刘旦最明智的做法，应该是静待武帝的召见。但刘旦按捺不住，做出一个极其不明智的举动：派使者上书朝廷，请求到皇宫当侍卫。他的弦外之音过于明显，分明在说："父皇现在年纪老了，身体差了，说不准哪天就驾崩了，不如赶紧让我回长安当太子吧，免得夜长梦多。"武帝勃然大怒，当即斩杀了刘旦的信使。[1]这段内容出自褚少孙补写的《史记》。《史记》对这一段历史的记载特别形象，武帝将刘旦的书信用力掷在地上，愤怒地说："生儿子就该把他们分封到齐国、鲁国这些礼仪之乡，我却把儿子封到了燕赵之地，他果然有了争位的心思，端倪已经显现出来了！"（《史记·三王世家》）

我们分明还记得，江充初次登场时，武帝曾感叹说："燕赵固多奇士。"当时燕赵之地的确有很多奇士和美女，但文化底蕴低，不容易养出听话的孩子。

后来，刘旦因其他罪名，被削去了三个县的封地，显然已经被武帝讨厌，没机会当太子了。那么我们再来清点一下武帝诸子：刘据、刘闳、刘髆都已去世，刘旦失去了机会，刘弗陵只有六岁，剩余的唯一成年儿子是刘旦的同母兄弟广陵王刘胥。

只是，刘胥比刘旦更没机会。虽然刘旦野心勃勃，但他毕竟文武兼修，而刘胥只是个力能扛鼎的莽夫，最喜欢的娱乐项目竟然是空手斗熊。这样一个人，恐怕是没可能被立为太子的。那么太子的人选，除了未成年的刘弗陵，还真就没有其他选择了。

---

[1] 《汉书·武五子传》的记载略有不同："上怒，下其使狱。"

原文：

时钩弋夫人之子弗陵，年数岁，形体壮大，多知，上奇爱之，心欲立焉；以其年稚，母少，犹与久之。

刘弗陵身体壮实，聪明伶俐，又是武帝晚年才生的孩子，所以格外受宠。

这时的武帝面临一道天大的难题：如果必须立刘弗陵为太子，而自己这把年纪，随时可能驾崩，该怎么确保刘弗陵不但可以顺顺利利活到成年，还能稳坐皇位呢？

解题之道

原文：

欲以大臣辅之，察群臣，唯奉车都尉、光禄大夫霍光，忠厚可任大事，上乃使黄门画周公负成王朝诸侯以赐光。

关于这道难题如何解答，其实有一条尽人皆知的历史经验：周武王过早去世，周公尽心尽力辅佐年幼的周成王，等到成王成年，周公便将权力交还，由成王亲政。

武帝发愁的是：到哪儿去找一位周公呢？看来看

去，武帝相中了一个人：霍光。于是，他找人画了一幅画赐给霍光，画面上，周公背着幼小的周成王接受诸侯朝见。这幅画的寓意再明显不过，已经在武帝身边小心翼翼服侍了二十多年且从未犯过错误的霍光不可能读不懂。

原文：

后数日，帝谴责钩弋夫人；夫人脱簪珥，叩头。帝曰："引持去，送掖庭狱！"夫人还顾，帝曰："趣行，汝不得活！"卒赐死。顷之，帝闲居，问左右曰："外人言云何？"左右对曰："人言'且立其子，何去其母乎？'"帝曰："然，是非儿曹愚人之所知也。往古国家所以乱，由主少、母壮也。女主独居骄蹇，淫乱自恣，莫能禁也。汝不闻吕后邪！故不得不先去之也。"

武帝的下一步安排，就是随便找个理由处死刘弗陵的母亲钩弋夫人。

人们已经看出武帝要立刘弗陵为太子，所以对钩弋夫人之死感到不解。武帝对身边的人解释说："君王年纪太小，君王的母亲却正值盛年。女人一旦掌权，就会胡作非为，淫乱放纵，没人制得住。难道你们没听说过吕后的事情吗？所以不得不预做防范啊。"

后元元年的大事件，就在武帝这一番令人不寒而栗的权术心机中结束了。为了长治久安，预防问题当然没错，但如果矫枉过正到这种地步，也过于灭绝人性，甚至骇人听闻了。尤其对于标榜儒学的汉朝来说，以后又该怎么解释孝道呢？汉朝在意识形态上宣扬以孝道治天下，后来倒也没有继承武帝的这项创举。不过到了北魏，开国皇帝拓跋珪特别欣赏汉武帝杀钩弋夫人的做法，有样学样，"子贵母死"竟然成为国家定制，导致北魏后宫女眷活得提心吊胆。几代之后，唯一一个宁愿自己去死也希望儿子当太子的女人终于侥幸不死，还顺利做了太后，再然后呢，她竟然真的胡作非为，淫乱得特别不成体统。

　　这个女人就是著名的胡太后，为北魏政权的覆灭烧了一把特别大的火。（［清］赵翼《陔余丛考·卷十六》）

汉武帝后元二年

191
武帝是怎么安排皇权交接的

武帝托孤

原文:

(二年)

春,正月,上朝诸侯王于甘泉宫。二月,行幸盩厔五柞宫。

上病笃,霍光涕泣问曰:"如有不讳,谁当嗣者?"上曰:"君未谕前画意邪?立少子,君行周公之事!"光顿首让曰:"臣不如金日磾!"日磾亦曰:"臣,外国人,不如光;且使匈奴轻汉矣!"

这一讲我们进入新的一年,武帝后元二年(前87年),这也是武帝人生的最后一年。

春正月,武帝在甘泉宫接受诸侯王的朝贺。二月,他前往盩厔五柞宫,身体状况明显恶化。霍光哭着请求武帝指示继承人的人选。武帝说道:"先前给你的那幅画,你没看懂吗?立我最小的儿子,你来担当周公的角色。"

霍光顿首谦让,说自己不如金日磾。

金日磾当时就在旁边,赶紧推辞说:"我一个外国人,怎么比得上霍光呢?再说,由我来辅政的话,岂不是让匈奴看轻了我们大汉!"

原文:

乙丑,诏立弗陵为皇太子,时年八岁。丙寅,以光为大司马、大将军,日磾为车骑将军,太仆上官桀为左将军,受遗诏辅少主,又以搜粟都尉桑弘羊为御史大夫,皆拜卧内床下。

乙丑日,武帝下诏立刘弗陵为太子。丙寅日,他任命霍光为大司马、大将军,金日磾为车骑将军,上官桀为左将军,三人共同辅佐幼主。他还任命桑弘羊为御史大夫,四人在武帝的病床前领受任命。

这意味着，霍光、金日䃅、上官桀接受武帝托孤，成为顾命大臣，以霍光为首席，合力帮助未成年的刘弗陵坐稳皇位。桑弘羊的地位略逊一筹，新政府的权力核心就是这个"3+1组合"了。

但这个组合有个潜在的问题：霍光、金日䃅、上官桀在武帝托孤前的存在感不强——霍光和金日䃅好歹在前文中小小地露过脸，而上官桀竟是第一次亮相，先前出场立功的那位上官桀将军只是跟他同名同姓。反倒是地位略逊一筹的桑弘羊，作为汉帝国财政事业的操盘手，在资历和威望上要来得更高。以霍光、金日䃅、上官桀这些人，如何镇得住场面，为年幼的刘弗陵保驾护航呢？

历朝历代，但凡老君主托孤，总要托付给元老重臣，比如我们最熟悉的三国历史，刘备在白帝城托孤，就把刘禅托付给了诸葛亮。

霍光、金日䃅和上官桀这三个人，虽然跟随武帝很久，职位也不低，但他们扮演的角色其实更像贴身老奴。他们极度忠诚，极度谨慎，极度对武帝倾注感情——无论是真诚还是作伪，至少让武帝感受到了他们对自己深厚的爱。但问题是，他们在朝廷中谈不上有任何突出的政绩。

武帝在托孤这件事情上很像春秋时代的齐桓公——

齐桓公老来最信任的是一直服侍在身边的易牙、竖刁、开方，结果酿成争位惨剧，连自己的尸体都没人盛殓。那么，武帝会不会重蹈齐桓公的覆辙呢？

所幸并没有。霍光等人后来真的不负所托，在艰难之中把幼主扶持起来了。之所以没有重蹈齐桓公的覆辙，恐怕在很大程度上要归功于武帝晚年的酷吏政治和"巫蛊之祸"。酷吏政治整垮了一大批政府高官，"巫蛊之祸"先是肃清了卫家人，随即又肃清了李家人，两大外戚势力一扫而空。也就是说，这个时候的政坛中已经鲜有功劳、威望、资历足以服众的国家大臣，只剩下唯唯诺诺的奴才了。武帝把这三个老奴型的人物选定为托孤大臣，大约也有刻意的成分。以他们的能量，即便动了坏心，也不足以改朝换代。

托孤之臣

原文：

光出入禁闼二十余年，出则奉车，入侍左右，小心谨慎，未尝有过。为人沈静详审，每出入、下殿门，止进有常处，郎、仆射窃识视之，不失尺寸。日䃅在上左右，目不忤视者数十年；赐出宫女，不敢近；上欲内其女后宫，不肯；其笃慎如此，上尤奇异之。日䃅长子为帝弄儿，帝甚爱之。其后弄儿壮大，不谨，自殿下与宫人戏；日䃅适见之，恶其淫乱，遂杀弄儿。上闻之，大怒。日䃅顿首谢，具言所以杀弄儿状。上甚哀，为之泣；已而心敬日䃅。

霍光是霍去病同父异母的兄弟，按说也算卫家人，也在被清算之列。而他不仅幸免于难，还成了托孤重臣，原因很简单：他这一生极度谨小慎微，真可谓是以"伴君如伴虎"的觉悟侍奉武帝。他出入皇宫的每一步都踩在固定时间和固定位置，二十多年如一日。

至于金日䃅，更是谨小慎微的典范。我们只通过一件事来看：他的长子从小就很受武帝喜爱，后来这孩子因为受宠，行为开始放肆，与宫女们嬉闹。金日䃅目睹了这一幕后，直接把儿子杀了。这样的做法即便比之齐桓公身边的易牙、竖刁、开方也毫不逊色。

原文：

上官桀始以材力得幸，为未央厩令；上尝体不安，及愈，见马，马多瘦，上大怒曰："令以我不复见马邪！"欲下吏。桀顿首曰："臣闻圣体不安，日夜忧惧，意诚不在马。"言未卒，泣数行下。上以为爱己，由是亲近，为侍中，稍迁至太仆。三人皆上素所爱信者，故特举之，授以后事。

至于上官桀，他原本是武帝的侍卫，因勇力过人而深受武帝欣赏。后来，他被调任至未央宫养马。一次，武帝患病痊愈后到未央宫的马厩视察，发现马匹瘦了一圈，于是质问上官桀说："你是不是以为我再也见不到这些马了？"

这话特别耳熟。前文讲过，有一次武帝从鼎湖宫前往甘泉宫，途经右内史管辖的地界，发现路况很糟糕，显然没有被好好维护。而当时担任右内史的是酷吏义纵。我们应该能想到，义纵算不得玩忽职守，他只是把精力都放在了实施严刑峻法上，顾不上这些修修补补的事务。然而，武帝生病后变得很敏感，认为义纵不维护道路，就是认定他这场病好不了，以后不会再经过这里了。[1] 义纵的人生，就这样被暗中画上了休止符。

那么，遇到类似问题的上官桀是怎么回应的呢？他立即哭了出来，说自己听说武帝病重，日夜忧心不已，哪里还能想到喂马的事情呢？这样的回答不但贴心，而且特别符合儒家思想。《论语·乡党》记载，孔子退朝回来，得知马厩失火，问的是"伤人乎"，而"不问马"。上官桀一介武夫，关心上级领导的健康状况，不但可以说哭就哭，还可以暗合孔子的教诲，实

---

1 详见前文第137讲。

在是人才啊。

如今站在上帝视角,我们大可以对武帝托孤的三大臣嗤之以鼻。但设身处地,从武帝的角度看,正可谓"疾风知劲草,板荡识诚臣",他的身边还有谁能比霍光、金日磾和上官桀更靠得住呢?

盖棺论定

原文:

丁卯,帝崩于五柞宫;入殡未央宫前殿。

丁卯日,武帝驾崩于五柞宫,入殓于未央宫前殿。这位古稀之年的老皇帝,终于撒手人寰了。

原文:

帝聪明能断,善用人,行法无所假贷。隆虑公主子昭平君尚帝女夷安公主。隆虑主病困,以金千斤、钱千万为昭平君豫赎死罪,上许之。隆虑主卒,昭平君日骄,醉杀主傅,系狱;廷尉以公主子上请。左右人人为言:"前又入赎,陛下许之。"上曰:"吾弟老有是一子,死,以属我。"于是为之垂涕,叹息良久,曰:"法令者,先帝所造也,用弟故而诬先帝之法,吾何面目入高庙乎!又下负万民。"乃可其奏，哀不能自止，左右尽悲。待诏东方朔前上寿，曰："臣闻圣王为政，赏不避仇雠，诛不择骨肉。书曰：'不偏不党，王道荡荡。'此二者，五帝所重，三王所难也，陛下行之，天下幸甚！臣朔奉觞昧死再拜上万寿！"上初怒朔，既而善之，以朔为中郎。

至此，《资治通鉴》盖棺论定，评价武帝聪明且有决断力，擅于用人，并严格执法。

关于评价中的"严格执法"这一点，司马光举了隆虑公主的例子，史料来源是《汉书·东方朔传》。隆虑公主是武帝的妹妹，晚来得子，孩子受封为昭平君。昭平君后来娶了武帝的女儿夷安公主，亲上加亲。

隆虑公主病重时，曾向武帝缴纳重金，预先为昭平君赎买死罪，武帝应承了下来。然而，隆虑公主过世后，昭平君胡作非为，触犯法纪。尽管武帝似乎纠结了一段时间，但他最后还是表示：法令是先帝的创造，自己不该违背，也不该因为顾念亲情而辜负万民，还是要判昭平君死刑。

推测起来，司马光选取这段史料最可能的原因是，他认为武帝的这种做法足堪为万事典范，具有资治意义。只不过，我们已经逐年看过了武帝的一生，他老人家哪有半点以法律为准绳的意识呢？武帝致力于打造的，就是君权至高无上，皇帝的意志凌驾于一切，当然也凌驾于法律。

原文：

班固赞曰：汉承百王之弊，高祖拨乱反正，文、景务在养民，至于稽古礼文之事，犹多阙焉。孝武初立，卓然罢黜百家，表章六经，遂畴咨海内，举其俊茂，与之立功。兴太学，修郊祀，改正朔，定历数，协音律，作诗乐，建封禅，礼百神，绍周后，号令文章，焕然可述，后嗣得遵洪业而有三代之风。如武帝之雄材大略，不改文、景之恭俭以济斯民，虽诗、书所称，何有加焉！

臣光曰：孝武穷奢极欲，繁刑重敛，内侈宫室，外事四夷，信惑神怪，巡游无度，使百姓疲敝，起为盗贼，其所以异于秦始皇者无几矣。然秦以之亡，汉以之兴者，孝武能尊先王之道，知所统守，受忠直之言，恶人欺蔽，好贤不倦，诛赏严明，晚而改过，顾托得人，此其所以有亡秦之失而免亡秦之祸乎！

司马光援引班固的议论，盛赞武帝的雄才大略，然后给出一番"臣光曰"，认为武帝的穷奢极欲与秦始皇无异。然而，秦朝二世而亡，武帝却让国祚顺利传承了下去。

南宋名臣王十朋在一首小诗中表达了类似的观点："武帝英雄类始皇，甘心黩武国几亡。晚年赖有知人术，解把婴儿付霍光。"（［宋］王十朋《梅溪集·前集卷十·咏史诗·武帝》）

这两段描述几乎可以说是古人对武帝的主流态度：尽管武帝在位期间穷奢极欲、穷兵黩武，几乎把汉帝国搞到亡国的地步，但他恪守先王之道，并且明辨是非，能识别出谁是贤臣，谁是奸佞。而且他在晚年悔过自新，所选择的托孤对象也确实尽到了责任。

刘弗陵继位

原文：

戊辰，太子即皇帝位。帝姊鄂邑公主共养省中，霍光、金日䃅、上官桀共领尚书事。

虽然前面的这种观点没什么说服力，但无论如何，刘弗陵继位了，顾命大臣们也开始保驾护航，三个人"共领尚书事"。

尚书是皇帝的机要秘书，虽然级别不高，但位置很关键，所有交由皇帝审阅的公文都要在尚书手里做一下预处理。现在皇帝年幼，尚书的直接领导变成了霍光、金日䃅和上官桀。尚书预处理完公文后，先给这三位看，他们看完直接代替皇帝做批复。

"领尚书事"这四个字构成一个动宾短语，可以理解为领导尚书部门的工作。这在当时还只是临时性的差事，但很快就变成了一个固定的官衔。

昭帝这个没爹没娘的小孩子，虽然有霍光等人帮忙处理政务，但生活问题仍待解决。于是，他的姐姐鄂邑公主搬进宫中，和他同住。

霍光辅政

原文：

光辅幼主，政自己出，天下想闻其风采。殿中尝有怪，一夜，群臣相惊，光召尚符玺郎，欲收取玺。郎不肯授，光欲夺之。郎按剑曰："臣头可得，玺不可得也！"光甚谊之。明日，诏增此郎秩二等。众庶莫不多光。

三月，甲辰，葬孝武皇帝于茂陵。

夏，六月，赦天下。

秋，七月，有星孛于东方。

济北王宽坐禽兽行自杀。

冬，匈奴入朔方，杀略吏民；发军屯西河，左将军桀行北边。

这一年真正的大事件，看起来像一件小事：某天夜里，皇宫中似乎是闹鬼了，导致惊慌扰攘，君臣不宁。霍光因此召见主管皇帝玉玺的负责人，要他交出玉玺。没想到这位负责人真的负责到底，不肯听从霍光的指令。霍光急了，直接上手去抢，负责人手按佩剑，说出一句掷地有声的话："臣头可得，玺不可得也。"

到了第二天，人们才看出前一晚的闹鬼只是虚惊一场。霍光以皇帝的诏令给这位玉玺负责人提升两级待遇，这件事为霍光赢得了天下人的尊重。

宋代儒宗真德秀评论说，这是霍光辅政以来做的第一件事，既合乎义理，又展现出自己毫无私心，世人怎么可能不服气呢？（［宋］真德秀《西山读书记·乙集下之九》）还有一位宋代的绘画名家李公麟画有表现历代君臣典范的《前代君臣故实》，总共有八幅，其中一幅描绘的就是霍光的这段传奇。（［清］胡敬《胡氏书画考三种·西清劄记·卷三》）

毕竟在那个时候，霍光已经"政自己出"，直接行使着皇帝的权力。而他能对小小一名玉玺负责人如此尊重和表彰，确实难能可贵。

宋人刘子翚见过李公麟的这幅画。他与一起赏画的同伴作诗唱和，写下这样的诗句："此郎守节固堪论,汉玺飘飘亦仅存。周勃取将迎代邸,霍光持去授皇孙。"(《[宋]刘子翚《屏山集·卷十五·霍光取玺》)这是将周勃和霍光做对比:周勃作为国家老臣,做主将玉玺交给代王刘恒,而霍光后来还是拿走了玉玺,将其交给了皇孙。

那么问题来了:刘弗陵是武帝的幼子,并不是皇孙。刘子翚在诗中所说是什么意思呢?后边很快就会讲到。武帝后元二年的大事件就到此结束了,《资治通鉴》的第二十二卷也在这里结束。